"一带一路"列国人物传系

总主编◎王　丽

新西兰名人传

THE LEGEND OF THE PEOPLE ALONG THE BELT AND ROAD

FAMOUS NAMES OF NEW ZEALAND

主编◎王灵桂　谢亚迪

当代世界出版社
THE CONTEMPORARY WORLD PRESS

图书在版编目（CIP）数据

新西兰名人传 / 王灵桂，谢亚迪主编 . -- 北京：当代世界出版社，2022.11
（"一带一路"列国人物传系）
ISBN 978-7-5090-1687-9

Ⅰ . ①新… Ⅱ . ①王… ②谢… Ⅲ . ①人物－列传－新西兰 Ⅳ . ① K836.12

中国版本图书馆 CIP 数据核字 (2022) 第 169374 号

书　　名："一带一路"列国人物传系・新西兰名人传
出 品 人：丁　云
责任编辑：刘海光　陈邓娇
封面设计：三棵树
出版发行：当代世界出版社
地　　址：北京市东城区地安门东大街70-9号
邮　　编：100009
邮　　箱：ddsjchubanshe@163.com
编务电话：(010) 83907528
发行电话：(010) 83908410（传真）
13601274970　18611107149　13521909533
经　　销：新华书店
印　　刷：北京中科印刷有限公司
开　　本：880毫米×1230毫米　1/32
印　　张：8.75
字　　数：152千字
版　　次：2022年11月第1版
印　　次：2022年11月第1次
书　　号：ISBN 978-7-5090-1687-9
定　　价：42.00元

《“一带一路”列国人物传系》编辑委员会

总　序
群星闪耀“一带一路”

2013 年 9 月 7 日，中国国家主席习近平在哈萨克斯坦纳扎尔巴耶夫大学发表演讲，以博古通今的睿智对大学生们娓娓道来丝绸之路古老而年轻的故事。

“2100 多年前，中国汉代的张骞肩负和平友好使命，两次出使中亚，开启了中国同中亚各国友好交往的大门，开辟出一条横贯东西、连接欧亚的丝绸之路。

我的家乡陕西，就位于古丝绸之路的起点。站在这里，回首历史，我仿佛听到了山间回荡的声声驼铃，看到了大漠飘飞的袅袅孤烟。这一切，让我感到十分亲切。

哈萨克斯坦这片土地，是古丝绸之路经过的地方，曾经为沟通东西方文明，促进不同民族、不同文化相互交流和合作作出过重要贡献。东西方使节、商队、游客、学者、工匠川流不息，沿途各国互通有无、互学互鉴，共同推动了人类文明进步。”[1]

---

[1]　《习近平谈治国理政》，北京：外文出版社，2014 年 10 月第 1 版，第 287 页。

“不同种族、不同信仰、不同文化背景的国家完全可以共享和平、共同发展。这是古丝绸之路留给我们的宝贵启示”，“为了使我们欧亚各国经济联系更加紧密、相互合作更加深入、发展空间更加广阔，我们可以用创新的合作模式，共同建设‘丝绸之路经济带’”。[1]

推己及人，高瞻远瞩，引领时代，习近平主席在阿斯塔纳[2]通过哈萨克斯坦人民，首次向世界发出了让古老的丝路精神再次焕发青春和光彩的时代宣言。

2013 年 10 月 3 日，习近平主席在印度尼西亚国会发表了题为《携手建设中国—东盟命运共同体》的演讲，首次向世界发出共建 21 世纪海上丝绸之路的倡议。

“东南亚地区自古以来就是‘海上丝绸之路’的重要枢纽，中国愿同东盟国家加强海上合作，使用好中国政府设立的中国—东盟海上合作基金，发展好海洋合作伙伴关系，共同建设 21 世纪‘海上丝绸之路’”，“发挥各自优势，实现多元共生、包容共进，共同造福于本地区人民和世界各国人民”。[3]

这个倡议和 9 月 7 日的演讲异曲同工、遥相呼应、互为

[1] 《习近平谈治国理政》，北京：外文出版社，2014 年 10 月第 1 版，第 287 页。

[2] 哈萨克斯坦首都，2019 年 3 月改名为努尔苏丹。

[3] 《习近平谈治国理政》，北京：外文出版社，2014 年 10 月第 1 版，第 293-295 页。

映衬，完整地提出了“丝绸之路经济带”和“21世纪海上丝绸之路”的宏伟构想。

从广袤的亚欧腹地哈萨克斯坦到风光旖旎的印度尼西亚，习近平主席提出的“丝绸之路经济带”和“21世纪海上丝绸之路”吸引了世界各国的目光。从2013年9月至2016年8月，习近平主席出访37个国家（亚洲18国、欧洲9国、非洲3国、拉美4国、大洋洲3国），对“一带一路”倡议的总体框架和基本内涵做了充分阐述。和平合作、开放包容、互学互鉴、互利共赢的丝路精神，共商、共建、共享的治理理念，驱散了“去全球化”的阴霾，为增长乏力的世界经济注入新的动能。各国纷纷将本国经济发展与中国政府制定的《推动共建丝绸之路经济带和21世纪海上丝绸之路的愿景与行动》规划相对接。“一带一路”倡导的政策沟通、设施联通、贸易畅通、资金融通、民心相通，正在以基础设施、经贸合作、产业投资、能源资源、金融支撑、人文交流、生态环保、海洋合作等为载体和依托，在全球掀起了投资兴业、互联互通、技术创新、产能合作的新势头。2016年中国牵头成立有57个成员国加入的亚洲基础设施投资银行（AIIB），截至2018年12月19日成员总数增至93个，在13个国家开展35个项目。孟加拉配电系统升级扩容项目、印尼全国棚户区改造项目、巴基斯坦国家高速公路项目和塔吉克斯坦杜尚别至乌兹别克斯坦道路改造项目已经获得亚投行融资支持，共商共建共享成为现实。

“一带一路”倡议得到国际社会的积极响应。2016 年 11 月 17 日，第 71 届联合国大会 193 个成员国一致赞同，通过了第 A/71/9 号决议，欢迎“一带一路”倡议，敦促各方通过参与“一带一路”倡议，促进阿富汗及地区经济发展，呼吁国际社会为开展“一带一路”建设提供安全环境保障。2017 年 3 月 17 日，联合国安理会一致通过第 2344 号决议，呼吁国际社会凝聚援助阿富汗共识，通过“一带一路”建设等加强区域经济合作，敦促各方为“一带一路”建设提供安全环境保障。

2017 年 1 月，习近平主席在联合国日内瓦总部发表题为《共同构建人类命运共同体》的重要演讲，全面深入系统阐述人类命运共同体重大理念，为解决全球性挑战提出中国方案，在国际上引起热烈共鸣，受到各方普遍欢迎和高度评价。3 月 23 日，联合国人权理事会第 34 次会议通过关于“经济、社会、文化权利”和“粮食权”两个决议，决议明确表示支持 “构建人类命运共同体”。这是人类命运共同体理念首次载入联合国人权理事会决议，标志着这一理念成为国际人权话语体系的重要组成部分。

“一带一路”不是中国的独角戏，是与亚、欧、非洲及世界各国共同奏响的交响乐。中国恪守联合国宪章宗旨和原则，坚持开放合作、和谐包容、政策沟通，培育政治互信，建立合作共识，协调发展战略，促进贸易便利化及多边合作体制机制。中国携手 100 多个国家和地区，依托国际大通道，以陆上沿线中心城市为支撑，以重点经贸产业园区为合作平台，共同打造的新亚欧大陆桥、中蒙俄、中国—中亚—西亚、中巴、孟中印缅、中国—中南半岛等国际经济合作走廊进展顺利，中欧班列在贸易畅通上动力强劲、风景亮丽；以海上重点港口为节点，共同建设通畅安全高效的运输通道，实现陆海联动，太平洋、印度洋、大西洋上巨轮往来频繁，互通有无。亚太经合组织、亚欧会议、大湄公河次区域合作的有关决议和文件，都体现了“一带一路”建设内容。丝路基金、开发性金融、供应链金融汇聚全球财富，建设绿色、健康、智慧、和平的丝绸之路，增进各国民众福祉。

“一带一路”是人类历史上前所未有的宏伟蓝图，也是横跨亚非欧连接世界各国的暖心红线。丝绸之路经济带包括中国经中亚、俄罗斯至欧洲（波罗的海），中国经中亚、西亚至波斯湾、地中海，中国至东南亚、南亚、印度洋；21 世纪海上丝绸之路包括从中国沿海港口过南海到印度洋再延伸至欧洲和南太平洋。一路驼铃声声、舟楫相望，互通有无、友好交往。

在新的时代，在创新古老丝路精神的伟大进程中，习近平主席专门缅怀丝路开拓者，特意致敬古丝路精神奠基人：

“我们的祖先在大漠戈壁上‘驰命走驿，不绝于时月’，在汪洋大海中‘云帆高张，昼夜星驰’，走在了古代世界各民族友好交往的前列。甘英、郑和、伊本·白图泰是我们熟悉的中阿交流友好使者。丝绸之路把中国的造纸术、火药、印刷术、指南针经阿拉伯地区传播到欧洲，又把阿拉伯的天文、历法、医药介绍到中国，在文明交流互鉴史上写下了重要篇章。

“千百年来，丝绸之路承载的和平合作、开放包容、互学互鉴、互利共赢精神薪火相传。”[1]

这种吃水不忘挖井人的情怀，再次展现了中华民族不忘历史、纪念先贤、展望未来的优秀文化基因，也为中国传记文学学会参加“一带一路”建设指明了方向和道路。

在古老的丝绸之路上，我们不曾相忘：张骞出使西域到过的世界上最大的内陆国家哈萨克斯坦、山高水长的好邻居巴基斯坦、横跨欧亚大陆的俄罗斯、草原之国蒙古、喜马拉雅浮世天堂尼泊尔、菩提恒河保佑之国印度、文化瑰宝伊朗、首创法典之国伊拉克、红海门户也门、石油王国沙特阿拉伯、波斯湾明珠巴林、雪松之国黎巴嫩、海湾之秀科威特、沙漠之巅阿联酋、半岛明珠卡塔尔、霍尔木兹海峡守门人阿曼、

[1] 习近平：《弘扬丝路精神，深化中阿合作》，2014 年 6 月 5 日，习近平在中—阿合作论坛第六届部长级会议开幕式上的讲话，载《人民日报》，2014 年 6 月 6 日，第 1 版。

万湖之国白俄罗斯、欧亚十字路口土耳其、流着奶和蜜之地以色列、欧洲粮仓乌克兰、亚平宁半岛上的文化巅峰意大利、欧洲屋脊瑞士、玫瑰之国保加利亚、与灵魂对话的思辨之国德意志、欧洲文化殿堂法兰西、欧洲客厅比利时、郁金香之国荷兰、热情如火的西班牙，还有绅士国度英国、北非金字塔之国埃及、非洲屋脊埃塞俄比亚、香草之都马达加斯加，等等。

沿着海上丝绸之路，我们会领略橡胶王国马来西亚、花园国度新加坡、千岛之国菲律宾、赤道翡翠之国印度尼西亚；沿澜沧江一路南下，我们不曾相忘澜湄泽润之国越南、千佛之国泰国、微笑之国柬埔寨、万象之都老挝、印度洋上明珠之国斯里兰卡、印度洋上的明珠和钥匙毛里求斯、堆金积玉之国文莱、追求自由之国东帝汶、印度洋上的世外桃源马尔代夫、骑在羊背上的国家澳大利亚、上帝的后花园新西兰；等等。

“一带一路”沿线国家里，那些千百年来影响了人类与社会发展、国家与民族命运，并与中国曾经有过交往的古今人物，至今还能在教科书、影视剧里看到他们，还能感受到他们在一代又一代年轻人身上所产生的影响和魅力。

当然，对于中国人来说，更为熟悉的是丝绸之路的开拓者。曾记否？丝绸之路开拓者中，有汉武帝和他的使节们，有首开大唐盛世的唐太宗及其臣民，有再续睦邻通商航海路的宋祖朝廷和无数先贤，还有金戈铁马风漫卷的元代人物，一统江山万里帆的明代人物，环球凉热自清浊的清代人物，东西碰撞溅火花的近代人物，还有经受风雨变迁、勇立海国之志的现代人物，更有丝路明珠敦煌莫高窟的守护者，卫国助邻的将军和通司中外的外交家们。当然，数风流人物，还看今朝，我们不能不浓墨重彩地讴歌那些智通商海，投身到新丝路建设中的当代人物。

耕云播雨，香火延续，智慧传承，历史再续！2100 多年的友好交往历史从未隔断，惠及三大洲的中西交流从未停歇，21 世纪的“中国梦”和“世界梦”汇成了人类命运共同体的时代和弦，响彻在“一带一路”辽阔的长空。也正因如此，2017 年 5 月，北京喜迎来自“一带一路”相关国家的元首、政府首脑、前政要、知名企业家和专家学者等各界代表，以及国际组织的负责人等千名领袖，出席第一届“一带一路”国际合作高峰论坛。“千人盛会”共襄“团结互信、平等互利、包容互鉴、合作共赢”[1] 之盛举，共商“造福沿途各国人民的大事业”[2] 之合作共赢大计。这是中华民族和世界历史上都应该铭记的大日子。

以人物传记写作为己任的中国传记文学学会，在“一带

[1] 习近平：《弘扬人民友谊，共创美好未来》，2013 年 9 月 7 日，习近平主席在哈萨克斯坦纳扎尔巴耶夫大学的演讲。

[2] 同上。

一路”倡议实施中，肩负“讲好‘一带一路’民心相通好故事”的使命和责任，这也是国家赋予我们的根本职责和任务。在中国文学艺术界联合会的领导下，在中国社会科学院国家全球战略智库指导下，中国传记文学学会以赤诚的家国情怀、强烈的时代精神、为人传记的责任担当，在认真调研、周密谋划、精心组织基础上，毅然决定倾注全力组织编写出版《“一带一路”列国人物传系》。此皇皇百卷传系讲述近千名各国人物故事，集数百位专家作家尽心挥毫，夜以继日，……幸得中国民营经济国际合作商会倾力赞助，又得中央文化企业当代世界出版社有限公司出版发行。于是， 各位读者得以读到手中的这套活泼而不失厚重、有趣而不失学养的列国人物合传书卷。

孔子曰：“仁者，人也。”让各国的先贤智者的思想光辉，照亮我们探索人类未来的道路。

传记明志，落笔为文，是为总序。

中国传记文学学会会长

《“一带一路”列国人物传系》编委会主任　王丽博士

2019 年 3 月 30 日

Introduction: The Star-studded “Belt and Road”

On September 7, 2013, Chinese President Xi Jinping delivered a speech at Kazakhstan’s Nazarbayev University, telling college students the ancient yet up to date stories of the Silk Road with well-versed wisdom.

“More than 2,100 years ago during the Han Dynasty (206 BC-AD 220), a Chinese envoy named Zhang Qian was twice sent to Central Asia on missions of peace and friendship. His journeys opened the door to friendly contacts between China and Central Asian countries, and started the Silk Road linking east and west, Asia and Europe.

Shaanxi, my home province, is right at the starting point of the ancient Silk Road. Today, as I stand here and look back at that history, I seem to hear the camel bells echoing in the mountains and see the wisp of smoke rising from the desert, and this gives me a specially good feeling.

Kazakhstan, located on the ancient Silk Road, has made an important contribution to the exchanges between the Eastern and Western civilizations and the interactions and cooperation between various nations and cultures. This land has borne witness to a steady stream of envoys, caravans, travelers, scholars and artisans traveling between the East and the West. The exchanges and mutual learning thus jointly promoted the progress of human civilization."[1]

"[C]ountries of different races, beliefs and cultural backgrounds are fully able to share peace and development. This is the valuable inspiration we have drawn from the ancient Silk Road," and "[t]o forge closer economic ties, deepen cooperation and expand development space in the Eurasian region, we should take an innovative approach and jointly build an economic belt along the Silk Road." [2]

With caring, vision and leadership, through the people of Kazakhstan in Astana, President Xi Jinping, for the first time, has made a declaration to the world that will rejuvenate the spirit of the ancient Silk Road.

On October 3, 2013, President Xi Jinping gave a speech titled "Work together to build a China-Asean community with a shared future "at the people's Representative Council of Indonesia, proposing to the world to build a 21st Century Maritime Silk Road.

"Southeast Asia has since ancient times been an important hub along the ancient Maritime Silk Road. China will strengthen maritime cooperation with the ASEAN countries, and the China-ASEAN Maritime Cooperation Fund set up by the Chinese government should be used to develop maritime partnership in a joint effort to build the 'Maritime Silk Road' of thc 21st century." And "[t]he two sides need to give full rein to our respective strengths to enhance diversity, harmony, inclusiveness and common progress in our region for the benefit of both our people and the people outside the region."[3]

[1] *Xi Jinping: The Governance of China*. 1st ed., Foreign Languages Press, Beijing, October 2014, p.287.

[2] Ibid, at 287.

[3] *Xi Jinping: The Governance of China*. 1st ed., Foreign Languages Press, Beijing, October 2014, pp.293-295.

This initiative and the speech on September 7 both express the same idea and echo with each other, completing a grand vision of the "Silk Road Economic Belt" and the "21st Century Maritime Silk Road."

From Kazakhstan in the vast Eurasian hinterland to the beautiful scenery of Indonesia, President Xi Jinping's proposed "Silk Road Economic Belt" and "21st Century Maritime Silk Road" have attracted the attention of countries all over the world. From September 2013 to August 2016, President Xi visited 37 countries (18 in Asia, 9 in Europe, 3 in Africa, 4 in Latin America and 3 in Oceania), and fully elaborated on the overall framework and basic connotation of the "Belt and Road" initiative. The Silk Road spirit of peace and cooperation, openness and inclusiveness, mutual learning, and mutual benefit, combined with the idea that projects should be jointly built through consultation to meet the interests of all, dispels the haze of "de-globalization" and injects new kinetic energy into the sluggish growth of the world economy. Many countries have linked up their own economic development to the "Vision and proposed actions outlined on jointly building Silk Road Economic Belt and 21st- Century Maritime Silk Road" proposed by the Chinese government.

The "Belt and Road" initiative advocates policy coordination, facilities connectivity, unimpeded trade, financial integration, and people-to-people bond. With the emphasis on infrastructure build-up, economic and trade cooperation, industrial investment, energy resources development, financial support, people-to-people exchanges, ecological environmental protection, and marine cooperation, the initiative has set off a new momentum in investment, trade activity, technological innovation, and production capacity cooperation in the world. In 2016, China led the establishment of the Asian Infrastructure Investment Bank (AIIB), which was joined by 57 member states. As of Dec 19, 2018, the total number of members increased to 93, and 35 projects had been carried out in 13 countries. The Bangladesh Power Distribution System Upgrade Expansion Project, the Indonesia National Shanty Town Transformation Project, the Pakistan National Highway Project and the Tajikistan Dushanbe-Uzbekistan Border Road Improvement Project have received financial support from the AIIB. The idea of joint project implementation through consultation to meet the interests of all has since turned into reality .

The "Belt and Road" initiative has drawn strong and positive feedback from the international community. On November 17, 2016, the 71st session of the 193 members of the United Nations General Assembly unanimously endorsed the adoption of resolution A/71/9 to welcome the "Belt and Road" proposal, encouraging all of its member states to boost economic development of Afghanistan and the region through participation in the proposed project. In addition, it called on the international community to provide a safe and secure environment for the implementation of the initiative. On March 17, 2017, the United Nations Security Council unanimously adopted resolution NO. 2344, and called on the international community to rally assistance to Afghanistan, and strengthen regional economic cooperation through the "Belt and Road" strategy, etc. It also urged all parties to provide a safe and secured environment for carring out the program.

In January 2017, President Xi Jinping delivered a keynote speech at the United Nations Office at Geneva titled "Work Together to Build a Community of Shared Future for Mankind," comprehensively and systematically elucidated the fundamental idea of a community with a shared future for mankind, and proposed Chinese Solutions to global problems, which echoed enthusiastically in the international community and was widely welcomed and highly applauded by many countries, organizations and political parties. At its 34th meeting, on March 23, the United Nations Human Rights Council adopted two resolutions on “economic, social and cultural rights” and “the right to food,” which clearly stated the need to “build a community with a shared future for mankind.” This is the first time the concept of a community with a shared future for mankind has been incorporated into a UN Human Rights Council resolution, and it has become an important part of the international human rights discourse system.

The “Belt and Road” is not a solo play by China only, but a symphony played in concert with Asia, Europe, Africa and countries around the world. China abides by the purposes and principles of the UN Charter, advocates openness and cooperation, espouses harmony and inclusiveness, supports policy coordination, fosters political mutual trust, builds consensus on cooperation, coordinates development strategies and promotes trade facilitation and the institutional mechanisms of multilateral cooperation. China has joined hands with more than 100 countries and regions to co- create a new Eurasian continental bridge. This has been accomplished by taking advantage of international transport routes that are supportive of the central cities along the “Belt and Road”, and building key economic and trade industrial parks as a platform for cooperation. China-Mongolia-Russia, China-Central Asia-West Asia, China-Pakistan, Bangladesh-China-India-Myanmar, China-Indochina Peninsula and other international economic cooperation corridors are progressing smoothly. China Railway Express accentuates trade and shipping overland between China and Europe with a bright future. Meanwhile, key sea ports also serve as the nodes to jointly build a smooth, safe and efficient transportation network, and hence enables a close connection between land and sea routes. Together with the overland cargo train transportation, the frequent cargo ships sailing on the Pacific, Indian and Atlantic Oceans poses an amazing picture. In summary, the relevant resolutions and documents of the Asia-Pacific Economic Cooperation, the Asia-Europe Meeting, and the Greater Mekong Subregion Economic Cooperation program all embody the "Belt and Road" initiative. By bringing together the world's wealth, Silk Road Fund, development finance, and supply chain finance strive to build a green, healthy, intelligent and peaceful Silk Road, and enhance the well-being of people around the globe.

The "Belt and Road" is a grand blueprint that has never been seen in human history. It is also a warm heart line that connects Asia, Africa and Europe to countries around the world. The Silk Road Economic Belt includes China via Central Asia, Russia to Europe (Baltic Sea), China via Central Asia, West Asia to the Persian Gulf, the Mediterranean Sea, China to Southeast Asia, South Asia, and the Indian Ocean; the 21st Century Maritime Silk Road includes from China's coastal ports to the South China Sea as well as the Indian Ocean that extends to Europe and the South Pacific. Friendly exchanges among countries are just a camel-ride and a boat trip away from each other.

In this new era and the great course of renovating the spirit of the ancient Silk Road, President Xi Jinping dedicated to cherish the pioneers of the Silk Road and particularly pay tribute to the founders of the spirit of the ancient Silk Road:

"In ancient times, our ancestors struggled through deserts and sailed in boundless seas to transport Chinese products to countries overseas, taking a lead in international friendly contact. Along that path, Kan Ying,

Zheng He and Ibn Battuta were all known as envoys of this China-Arab friendship. Through the Silk Road, Chinese inventions like paper-making, gunpowder, printing and the magnetic compass were spread to Europe, and Arabic conceptions like astronomy, the calendar and medicine were introduced to China.

For hundreds of years, the spirit that the Silk Road bears, namely, peace and cooperation, openness and inclusiveness, mutual learning, mutual benefits and win-win results, has lived on through generations."[1]

There is a Chinese saying that when you drink the water, think of those who dug the well. The implication that the Chinese people never forget history is clearly demonstrated in our excellent cultural tradition of commemorating the sages and at the same time looking forward to the future. It also points out the direction and path for the Chinese Biographical Literature Society to participate in the "Belt and Road" initiative.

On the ancient Silk Road, we have never forgotten Zhang Qian's diplomatic missions to the western regions in Han Dynasty that include Kazakhstan, the good neighbor Pakistan with high mountains and beautiful rivers, acrossing Eurasia country Russia, grassland country Mongolia, Himalaya floating paradise Nepal, Bodhi Ganges blessed country India, cultural treasure Iran, the first Codex System member country Iraq, Red Sea gateway Yemen, oil kingdom Saudi Arabia, the Persian Gulf pearl Bahrain, cedar country Lebanon, Gulf Star Kuwait, desert peak UAE, the Peninsula pearl Qatar,and Oman - the gatekeeper

[1] Xi Jinping: "Promoting the Silk Road Spirit and Deepening China-Arab Cooperation." Key note speech at the opening ceremony of the 6th Ministerial Meeting of the China-Arab States Cooperation Forum, June 6, 2014, People's Daily, section one.

of Hormuz Strait, thousand-lake country Belarus, Turkey at the Eurasian crossroads, Israel - a land flowing with milk and honey, Ukraine of European granary, Italy - the cultural pinnacle of Apennines, Switzerland on the top of Europe, rose country Bulgaria, and Germany, a nation famous for great thinkers, France, the center of the European culture, the welcoming and comfortable Belgium, tulip country Netherlands, the warm and sunny Spain, as well as the elegant England, pyramid country Egypt in North Africa, Ethiopia on the roof of Africa, the Vanilla Capital country Madagascar, and so on.

Along the Maritime Silk Road, we will come across Malaysia, the country of rubber, garden country Singapore, the Thousand Islands country Philippine, and Indonesia, an emerald on the equator line. Down the Lancang-Mekong River all the way south, we will experience Vietnam whose land moistened by the Lancang-Mekong River, Thailand, the country of thousand Buddhas, the smiling country of Khmer Cambodia, and Laos, the "Land of a Million Elephants." On the Indian Ocean, we will also see the ocean pearl Sri Lanka, the ocean star and key Mauritius, the rich and abundant Brunei, the freedom seeker East Timor, the idyllic Maldives, and Australia, a country on the back of the sheep, New Zealand, the back garden of God, and so on.

In the countries along the Belt and Road, those ancient and modern figures who have influenced human and social development, the destiny of countries and nations for thousands of years, and have had dealings with China are still seen in today's textbooks, movies and television dramas. Their influence and charm are still felt by generations of young people.

Certainly, for the Chinese people, we are more familiar with the pioneers of the Silk Road. Have we ever remembered? Among the trail blazers of the Silk Road were Emperor Wu of Han Dynasty and his envoys, Emperor Li Shimin, the co-founder of the Tang Dynasty that epitomized a golden age and his subjects, the Song imperial court and numerous sages who continued good-neighbor practice and friendly maritime navigation, as well as the Yuan Dynasty warriors who led armored cavalry with shining spears, the Ming Dynasty figures who unified the country, and the Qing Dynasty characters who maintained a clear mind during global turmoil, as well as the modern individuals who, by learning from both the west and the east in a time of rapid change, had the courage to build a sea power nation. There were also the guardians of Dunhuang Mogao Grottoes known as the Silk Road Pearl, the generals who safeguarded the country and helped the neighbors, and the diplomats who convey information and messages between China and foreign countries. Without a doubt, it is our current era that features true heroes. We can not praise highly enough the contemporary people who have been plunging themselves into the development of the new Silk Road.

Hard work pays off, family line continues, wisdom passes on, and history pushes forward! The history of friendly exchanges for more than 2,100 years has never ceased, and traffic between China and the West, which benefits the three continents, has been nonstop. The "Chinese Dream" and "World Dream" in the 21st century have become the chord of our time for humanity's shared future, resounding on the "Belt and Road." For this reason, in May 2017, Beijing welcomed thousands of leaders from all walks of life, including heads of government, former eminent statesmen, well-known entrepreneurs, distinguished experts and scholars from the "Belt and Road" countries, as well as leaders of international organizations to attend the first "Belt and Road" Forum for International Cooperation. This grand event of "Thousands of people's meeting" shared "solidarity, mutual trust, equality, inclusiveness, mutual learning and win-win cooperation"[1] and exchanged views on this "great undertaking benefiting of the people of all countries along the route."[2] This is a big day that should be remembered in the history of the Chinese nation and the world.

In the implementation of the "Belt and Road" initiative, the Chinese Biographical Literature Society that devotes to biography writing, takes as its the mission "telling the good stories" of the "Belt and Road," which is also the responsibility entrusted to us by the state.

Under the leadership of the China Federation of Literary and Art Circles and the guidance of the National Global Strategic Think Tank of the Chinese Academy of Social Sciences, the Chinese Biographical Literature Society, with its love for the family and the nation, a keen spirit of the age and the responsibility of writing decent biographies, by careful research, thorough planning and thoughtful organization, made an unwavering decision to devote itself to organizing and publishing the "The Legend of the People along the Belt and Road nations." These brilliant volumes of biographies tell the stories of nearly a thousand national characters, involving laborious work from hundreds of expert writers who had been writing day and night over last year. Our gratitude extends to China International Chamber of Commerce for the Private Sector for their sponsorship, and Contemporary World Publishing House Co., Ltd., a central state cultural enterprise, for the publication distribution. Thanks to their generosity and effort, readers now have the opportunity to

[1] Xi Jinping: "Promote Friendship between Our People and Work Together to Build a Bright Future." Keynote speech at Nazarbayev University in Kazarkhstan, September 7, 2013.

[2] Ibid.

read the vivid yet serious and interesting yet enlightened biographies of outstanding people from many nations.

Confucius said, "Benevolence is the characteristic element of humanity." Let the brilliant ideas of the wise men of all nations light up our path to explore the future of mankind.

The biographies are written for high ideals. Herein is the introduction.

President of the Chinese Biographical Literature Society
Director of the Editorial Board of
"The Legend of the People along the 'Belt and Road'"
Dr. Wang Li
March 30, 2019

目 录

Chapter 03

新西兰的铁娘子

Chapter 04

中国与新西兰的桥梁

Chapter 05

中国人民的老朋友

Contents

一带一路

引　言

新西兰（New Zealand），又称纽西兰，属于大洋洲，位于南太平洋，由北岛、南岛以及150多个岛屿组成，属波利尼西亚岛群。新西兰拥有长6900千米的海岸线，400万平方千米的领海面积。新西兰介于南极洲和赤道之间，西隔塔斯曼海与澳大利亚相望，北邻新喀里多尼亚、汤加、斐济等国家和地区。

新西兰全国面积约为27万平方千米，其中北岛的面积为114592平方千米，而南岛面积为152719平方千米。国内大部分地形为山地和丘陵，北岛有很多火山和温泉，而南岛有较多的冰河与湖泊。新西兰全国人口总数达到512.7万人（2022年3月）。其中，欧洲移民后裔占70%，毛利人占17%，亚裔占15%，太平洋岛国裔占8%（部分为多元族裔认同）。

毛利文化是新西兰的文化生活中不可或缺的一部分。毛利人的后裔占整体新西兰人的17%左右，毛利人是新西兰的土著居民，属波利尼西亚人的一支，他们有自己的语言——毛利语。相传，毛利人的祖先在 10 世纪时期，从太平洋中部波利尼西亚的哈瓦基乘独木舟来到新西兰，并在此地繁衍生息。现在，毛利人虽然只占新西兰总人口的 17% ，但其语言和文化却对新西兰的文化生活产生了重要的影响。他们有着丰富多彩又活泼开朗的文化习俗，其中最具有代表性的就是木雕和哈卡战舞。

木雕是毛利人文化特征的一部分。他们的雕刻艺术无处不在，独木舟上的精彩创作、城塞村入口处大气磅礴的雕刻、集会场所门口以及周围的雕刻，这些都展现了毛利人高超且独特的雕刻艺术。随着毛利人木雕艺术的发展，越来越多的人愿意选择木雕这一艺术品来赠送亲友。1974 年 5 月，新西兰毛利族访华团把一座木雕毛利人立像赠送给了全国人民代表大会常务委员会副委员长郭沫若。

关于木雕，毛利人有着这样一个古老的传说。有一天，毛利人的祖先鲁阿的孩子不幸被海里的恶魔绑走了。恶魔为了让鲁阿找不到自己的孩子，运用法术将绑来的孩子变成了一块木头，并把变成木头的孩子作为装饰品竖立在魔王的洞穴门口。鲁阿只身来到恶魔的洞穴，想要救出自己心爱的孩子。当他正要往洞口走去时，竟然看到门口整齐排列的木雕人像互相交谈了起来。于是，鲁阿在洞口附近藏身到了太阳下山，等恶魔们都睡觉了的时候，悄悄潜入洞内，把所有透光的窗子都用物体遮了起来。等到太阳再次升起的时候，因为没有阳光照射进来，此刻洞穴里面伸手不见五指，一片漆黑，所有的恶魔们都仍在酣然大睡。就在阳光正盛的时候，鲁阿同时掀开了所有的遮挡物，使阳光顺势而入。刺眼的阳光照射在恶魔的脸上，使恶魔顿时眩晕了起来，看不见周围的人和物。鲁阿趁着恶魔还没有完全回过神时，拿起身边的石棒便向恶魔们扔去。此时，搞不清状况的恶魔吓破了胆，只得抱头鼠窜。鲁阿以一个人的智慧，没有牺牲一兵一卒，顺利地救出了孩子。在回到部落时，他还带回了一些木雕人像。毛利人的木雕艺术就是由此而来，并流传至今。现在，在新西兰毛利人中还流传着一句十分经典的话：木雕艺术即鲁阿艺术。

毛利人除了具有精湛的木雕艺术之外，他们还有着与生俱来的音乐细胞。哈卡战舞就是新西兰土著居民毛利人独有的一种舞蹈形式，在整个世界上都独树一帜。千百年前，新西兰岛部族林立，纷争不断，开战更是家常便饭。为了鼓舞士气，震慑敌军，毛利族祭司创造了哈卡战舞这一舞蹈。两军相遇之时，毛利族的士兵们会先跳这种战舞。他们排列成倒三角状，由将军喊口令开始，士兵们双目怒张，神情凶悍，他们半蹲着挥舞手臂，随着整齐的呼喊声拍打着双臀，然后昂首挺胸，变换队形，用力踩踏地面，显示自己的士气。整个战场的地面经常被他们踏得震动不断，没有见过如此阵仗的敌方军队也往往目瞪口呆，进而士气开始涣散。这种舞蹈表现形式与中国闽南地区的拍胸舞在某种程度上有着异曲同工之妙。

哈卡战舞的歌词并不是固定的，不同的地方有不同的内容。这种被运用于古代战场上的舞蹈形式一直流传到了现在，尤其是在新西兰的橄榄球比赛之前最为常见。它已经成了新西兰的一种独特的文化符号，国际社会在了解新西兰时绝对不会忽视毛利族这一传统习俗。

欧洲人发现新西兰之前，毛利人就已经在此生活。17 世纪，荷兰人到达新西兰，并按照荷兰西兰省的名字将这片土地命名为新西兰。18 世纪，英国库克船长到新西兰探险，随后占领新西兰。1840 年，英国政府任命海军上校威廉 · 霍布森为英国驻新西兰执政官，并派其到新西兰。霍布森到达新西兰后，召集当地欧洲人和毛利族人，并与新西兰的毛利族酋长们签订了《怀唐伊条约》（Treaty of Waitangi），从此新西兰成为英国殖民地。毛利人与当地殖民者之间发生了很多冲突，进而引发怀卡托战争，直到 19 世纪 70 年代，战乱局面才得以平息。1907 年，英国同意新西兰从殖民地转变为英国的一个自治领。第一次世界大战爆发后，新西兰响应英国政府的号召，在战争中投入大规模兵力，为取得战争胜利做出了重要贡献。1947 年新西兰正式独立，并成为英联邦国家中的一员。

新西兰是高度发达的资本主义国家，实行君主立宪混合制，并以清廉的政治和社会管理闻名世界，和丹麦一起被认为是世界上最清廉的国家。

新西兰严重依赖进出口贸易，本土畜牧业发达，长期出口乳制品与肉类。农业高度机械化，主要生产小麦、大麦、燕麦、水果等，但不能自给自足，一般需要从澳大利亚进口。其他主要依靠进口的产品有石油、机电产品、汽车、电子设备、纺织品等。主要贸易伙伴有澳大利亚、美国、日本和中国等。2016 年，新西兰进出口总额为 336.0 亿美元，其中出口额为 172.7 亿美元，进口额为 163.3 亿美元。

由于特殊历史原因，新西兰在对外关系上一直依靠英国。在第二次世界大战后，新西兰增强了与美国的联系，并且开始注重与太平洋岛国及澳大利亚的关系。新西兰已经把澳大利亚和太平洋岛国视为重要对外关系对象，同时把亚洲太平洋地区列为对外关系优先领域。新西兰积极参与联合国的国际事务，曾三次担任联合国安理会非常任理事国，也曾被选为联合国经济和社会理事会成员国。新西兰反对一切核试验，支持《核试验不扩散条约》。近几年，新西兰也派出维和部队和观察员，参与联合国的维和行动。新西兰在多数时候与欧洲和美国的立场一致，与英国、加拿大等英联邦成员国保持密切关系。近些年，新西兰不断加强与东南亚国家之间的关系，并在经济和军事等方面积极合作。

新西兰是对华合作关系的开拓者。自 1972 年 12 月建交以来，中新共同创造了中国同发达国家关系史上的多个“第一”。1972 年 12 月 22 日，中国与新西兰正式建交以后，两国高层互访和民间交流非常频繁。新西兰方面，历届也有很多国家领导人访问中国。1989 年中国成为新西兰的第四大贸易伙伴，中国—新西兰的自由贸易协定是中国与发达国家签订的第一份自由贸易协定。2004 年 4 月，新西兰在发达国家中最早承认中国的完全市场经济地位。随着 2008 年中国—新西兰的自由贸易协定的生效，中国与新西兰之间的双边贸易得到快速发展，双方贸易往来更加频繁。新西兰是第一个与中国完成中国加入世界贸易组织谈判的国家，并与中国的经贸联系日趋密切。

习近平主席曾用6个字评价中新关系:“示范性、开创性”。2014 年 11 月 20 日，在新西兰迈特帕里总督的欢迎仪式上，毛利族长者向习近平主席行了毛利族的最高敬礼——“碰鼻礼”。在欢迎仪式上，毛利族人时而热情舞蹈，时而引吭高歌，仿佛在诉说一段源远流长的情谊。总督听闻习近平主席是第三次到访新西兰，表示“按照毛利族人习俗，客人来三次就是一家人了”。习近平主席回答说，“中国也有句俗话：一回生，二回熟，三回是朋友。中新两国是好朋友。”

除了以上所提及的内容，新西兰在饮食文化上也很具有特色，这方面在很大程度上受到了欧洲国家以及东南亚国家的影响，并形成了“环太平洋”料理风格。在新西兰国土内，非常多的咖啡店和小吃店都会提供结合了各地风味的特色餐饮。如果想要吃到地道的料理，可以选择肉类和海鲜类。肉类包括鹿肉、羊肉、猪肉等。海鲜类有小龙虾、布拉夫牡蛎、贻贝和鲑鱼等。甘薯、奇异果和树番茄也是十分受当地欢迎的具有本土风味的食物。新西兰最具代表性的甜点要数“帕洛娃”（pavlova），它的口感和风味极佳，受到了很多人的喜爱。

除了饮食受到欧洲等国家的影响，新西兰人在生活方式和生活习惯上也基本西化。新西兰国民的生活十分悠闲，生活节奏缓慢，这带给了民众巨大的幸福感。他们通常会选择看电影、逛商城等娱乐活动来消磨时光。和很多国家不一样，新西兰人的性格较为含蓄，即使是在电影院这样的公众场合，通常也会男女分场来观看电影。每逢假期，人们都会选择和家人一起出去散心。新西兰四面临海，岛屿众多，阳光明媚，去海滩晒太阳、冲浪是几乎所有人度假的首选。新西兰境内山地丘陵广布，阿尔卑斯山南岸在其国土境内，很多年轻人会选择登山、攀岩等更加考验体力的旅行方式。北岛上温泉众多，南岛气候稍微寒冷，整个国家的旅游资源十分丰富，吸引了来自世界各地的游客。

伴随着殖民冲突与战争，毛利文化与欧洲文化擦出火花，碰撞出崭新又独立的新西兰。新西兰和中国曾经创造了中国与发达国家关系史上的多个“第一”。有着“上帝的后花园”之誉的新西兰，在与中国的“一带一路”倡议的互利合作中，正续写着中新关系新的佳话。

本书重点介绍了一些对新西兰政治、经济以及文化发展最具影响力的历史名人，并对他们的主要事迹进行详细介绍。如：“热血总理”海伦·伊丽莎白·克拉克具有无人能敌的执政魅力；而“新西兰第一位女总理”珍妮·玛丽·希普利用她的治国成就向世界展示了女性的才能；“原子核物理学之父”欧内斯特·卢瑟福从农村小子一步步奋斗成为物理学大咖，展示出新西兰人的热血精神；“新西兰文学的奠基人”凯瑟琳·曼斯菲尔德用她的笔昭示了一种热烈又张扬的人生；路易·艾黎也用他的执着与奉献架起了“中国与新西兰的桥梁”；弗雷德里奇·佩奇的钢琴梦澄澈又纯净，徜徉在世界音乐的殿堂；还有才华横溢的女诗人罗宾·海蒂；忠于事实真相的记者詹姆斯·贝特兰是最坚定的反法西斯战士；埃德蒙·珀西瓦尔·希拉里被称为“世界之巅的征服者”；“幽默的温和派领袖”戴维·拉塞尔·朗伊用行动坚决地对核威胁说不；杰克·波蒂探路东方，用亚洲音乐演绎新西兰精神……这些人物用自己的传奇人生为新西兰代言。

通过他们的故事，我们邀请大家走进“上帝的后花园”——新西兰。

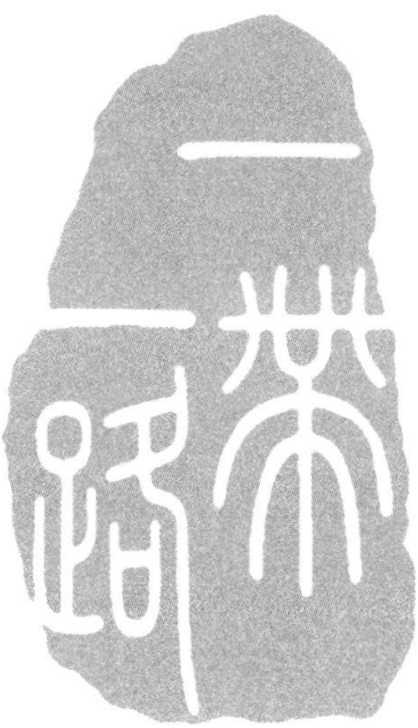
一帶一路

Chapter 01

永攀高峰的人

——海伦·伊丽莎白·克拉克

永攀高峰的人
海伦·伊丽莎白·克拉克

海伦·伊丽莎白·克拉克（Helen Elizabeth Clark，1950—），新西兰第37任总理，也是第二位女总理，而且是第一位通过大选上台的女总理。克拉克出生于新西兰汉密尔顿，毕业于奥克兰大学政治学专业，后来一直从事大学讲师工作。1971年加入工党，1981年当选为国会议员，由此进入政界。1989年，克拉克出任副总理兼卫生部部长和劳工部部长。1990担任工党副领袖，1993年当选为工党党首。1999年，工党在全国大选中获胜，克拉克出任新西兰政府总理。2005年第三次连任总理。2009年，克拉克从新西兰议会离职，出任联合国开发计划署（UNDP）署长。

克拉克是一位强悍的政治家，她语言犀利，做事果敢，兴趣广泛，尤其热爱登山运动，这可能和她的品格有关，就像有人对她的评价那样——“她不仅是一位在仕途上永攀高峰的人，也是一位在生活中永攀高峰的人。”

01

从害羞女孩到热血总理

人类历史进程中，女性一直都发挥着不可替代的作用。有一个众所周知的说法：一个女人能影响到她所在的家庭中三代人的幸福。在社会生活中，女性的生活态度沉淀着一个家庭的基本道德观，并支撑和稳定着社会的发展。女性的力量，来自她们的坚韧与勇敢，来自她们柔软的内心。女性的力量越强大，这个社会的中坚力量就越稳固，即便一个社会的领导层中也不曾缺少女性的身影。政治不仅仅是男人的领域，也有不少女性用自己的热血和果敢在政治领域独领风骚，新西兰女总理海伦 · 伊丽莎白 · 克拉克就是其中一位。

汉密尔顿位于新西兰的奥克兰市东南方向 110 千米处，是新西兰北岛中部地区的大城市之一。这里农场广布，畜牧业十分发达，怀卡托河中游两岸的土地肥沃，成片的牛羊在这里繁衍生长。海伦 · 伊丽莎白 · 克拉克的父亲克拉克先生就是这座城市中的众多农场主中的一个，全家人都是虔诚的基督教信徒。1950 年 6 月 26 日，小女儿海伦出生了，这更让克拉克先生有了生活的动力。他为女儿取了“伊丽莎白”这一来源于希伯来语的中间名，希望她温柔美丽，健康成长。母亲是位小学老师，在她的教导下，家里的 4 个女儿都懂事乖巧，让人十分省心。在四姐妹之中，海伦 · 克拉克是最年幼的孩子，也是最内向的，由于家境富裕，海伦 · 克拉克在家里很受宠爱，也越发乖巧。

父母要经营一个巨大的农场，经常忙得分身乏术，没有时间照顾孩子。于是，在海伦 · 克拉克还很小的时候，家里人就把她送到了离家30千米的寄宿制小学——提帕胡小学读书。海伦·克拉克从小就十分懂事，她知道父母工作的不易，不愿意让父母为她多费心。

就读寄宿学校意味着进入一个全然陌生的崭新环境，这对于娇生惯养的海伦·克拉克而言简直就是个灾难。再也没有人照顾她的穿衣吃饭，没有人在她睡前给她讲故事，年幼的伊丽莎白自是无比失落。学校负责学生生活的老师十分严厉，在面对老师时，海伦·克拉克常常紧张得忘了自己要说什么。在众多同龄的孩子中，海伦·克拉克的个子并不高，她又内向少言，在和同学相处时总是感到不大自在，这种情况在一两年之后才稍稍好转。克拉克擅长语文、历史和政治课程，从进入小学以来，成绩一直很优异。她的作文成绩经常是优秀，并被语文老师当作范文让克拉克在全班同学面前朗读。克拉克很害羞，朗读的声音小小的，但是认真听的话会发现她的音色圆润悦耳，十分好听。每当这个时候，班里的同学都会屏气凝神，认真聆听她略带羞涩却音色优美的朗读声。一篇作文读完时，海伦·克拉克的脸蛋经常羞得红扑扑的。但是经常在班级里朗读作文让她慢慢地开朗了起来，班里其他的小朋友也很喜欢这个沉默内向的小女孩。

三年级下半学期，学校准备举行一次演讲比赛。某天语文课前的课间活动时间，班主任希拉老师走进了教室，笑着问学生们：“同学们，告诉大家一个好消息，我们学校下个月要举行一次演讲比赛，大家有愿意报名参加的吗？每个人都有机会，谁愿意来试一试呢？”她的话刚刚说完，教室里顿时一片交头接耳，很多学生窃窃私语，渐渐地有人举起了手。“嗯，不错，彼得想要参加，很勇敢。珍妮也举手了，老师相信你一定可以表现得很出色。就他们两个人愿意报名吗？还有谁想去？大胆一点，这是个很好的锻炼机会，一定要抓住，孩子们。”海伦·克拉克坐在倒数第二排的角落，她放在桌子底下的手紧紧地攥住袖口，手掌心沁出了汗水，她有点想参加，可是她好紧张……“哎呀，去还是不去呢？好像挺有意思的，我喜欢朗读，可是在学校那么多人眼前说话，结巴了怎么办？”小克拉克十分地纠结，她的鼻头紧张得冒出了汗……希拉老师还在等待，“嗯，玛丽也举手了，真勇敢！还有哪位同学想要尝试一下呢？机会难得，大家可以趁机锻炼自己的口才。”她的目光在班里扫视着，努力辨别学生到底是不感兴趣还是不敢参加。然后她看到了低着头的海伦·克拉克，只见她咬着嘴唇一声不吭，小脸蛋涨得发红，鼻尖还沁出了一点汗珠，希拉老师会意地笑了。她关注这个小女孩很久了，尽管她个头不高，身材瘦小，平时话很少，在和其他学生打交道的时候总是怯怯的，但是这个孩子的作文很棒，每次朗诵自己的文章时脸上总是绽放出异样的光彩。

于是希拉老师决定推她一把："嗯，我看看，现在才有3个人报名呢，大家就这么不热情吗？海伦·克拉克，你的作文写得不错，朗诵功底也还可以，你不考虑一下吗？"在被点到名字的瞬间，海伦·克拉克紧张得一抖身子，站了起来："嗯，希拉老师，我，我不行吧？"她有点不自信，声音小得像是在自言自语。"你还没有参加，怎么知道自己行不行呢？你愿意去吗？你觉得自己不行,可是老师觉得你可以呢。不愿意尝试一下吗？"克拉克愣了片刻，此刻她的心里既紧张又兴奋，希拉老师觉得她可以，那要不要参加一下呢？最终，克拉克缓缓地抬起头，松开已经被她攥得湿了的袖口，默默地吁了口气，用坚定的目光看着希拉老师说："老师，我愿意报名。""很棒哦！不要担心，我会好好指导你们几个的，大家要努力！"希拉老师笑着说。"要是表现得不好，那就丢一次人吧。人生嘛，总要逼自己做一些有压力的事情，我会好好准备的！"克拉克在心里默默地对自己说着，她握住了自己的拳头："加油"。

一个月之后的全校演讲比赛上，海伦·克拉克第一次当着这么多人的面演说，她用力将背部挺直，努力保持面部的微笑，流利地背诵着准备已久的稿子，表现得异常出色。困扰了海伦·克拉克好几年的交际障碍似乎在此刻消失不见了，她的胆量就这样锻炼出来了。从真正下定决心迈出第一步起，克拉克发现，恐惧就好像一扇虚掩的门，只要你勇敢一点、坚定一点，就能推开那扇门，看见一个不一样的自己，一片不一样的天地……

海伦 · 克拉克的中学时代是在奥克兰爱普松女子语言学校度过的，这也是一所寄宿学校，不过对于青少年时期的海伦·克拉克而言，独自在外上学早就已经不是什么大问题了。她已经是一个开朗大方的女孩了，爱普松中学的社团活动中少不了她忙碌的身影，她特别享受参加这些活动，从中她找到了自己的存在感。

20 世纪六七十年代，越南战争爆发，此时美苏冷战已经进入白热化的阶段，南越和北越打得不可开交，那正是海伦 · 克拉克的中学时期。当时，包括新西兰在内的许多国家的民众都自发举行了不少反对美国霸权主义的游行示威活动。美国侵略和分裂越南国土是不可否认的事实，海伦 · 克拉克也积极参加了很多反美游行示威活动。

当时的新西兰还未完全脱离欧美国家的控制和影响，在很多大政方针和外交事务方面，新西兰并不能做到完全的独立自主。尤其是在军事领域，很多时候仍处于英国和美国的制约和控制之下。对于欧美帝国主义在新西兰境内建立军事基地一事，许多新西兰民众都十分愤怒，海伦 · 克拉克也十分反对。可是当时国家不够强大是不可忽略的事实，新西兰必须要继续发展壮大，才能在世界民族之林更有话语权。

此外，南非的种族主义问题牵动着世界人民的心，尽管从科学理论而言，人们都明白肤色与人权并没有直接的对等关系，可是自从黑奴贸易以来，种族歧视思想已经在全世界蔓延了几百年，并非一时半刻就能消除。海伦·克拉克发现，政治领域的变化往往影响着国家的经济和人民的生活方式，政治并不遥远，它甚至与新西兰民众日常的穿衣吃饭、交际往来和工作都是密不可分的，这才是她真正感兴趣的东西。在很多民间的群众组织中，海伦·克拉克主动担任了游行示威的领导角色，她希望通过这一窗口，同更多不同类型的人打交道，了解到更多人的想法。这时的她已经不再是五年前的那个害羞的小女孩了，浑身都闪烁着智慧与自信的光芒。

高中毕业后，克拉克以优异的成绩考入了奥克兰大学，她选择了政治学方向，并辅修文学。在此期间，她越来越热衷于参加各种民间政治活动，逐渐有了自己的政治观点。由于海伦·克拉克在很多社会问题上的看法与新西兰工党的大政方针基本一致，没过多久，克拉克的才能就被工党的工作人员看中了。1971 年，她受邀加入了这个党派，不久之后，一名年轻的工党女议员诞生了。

进入议会后，海伦·克拉克善于雄辩的才能逐渐凸显了出来。由于历史源流，新西兰的政体与英国议会制有异曲同工之处，各个党派的议员们经常要通过例行的议会来进行各种政策的辩论，同时批评和驳斥其他政党的政见，彰显自己政党基本纲领的合理性，因此议会上常常是唇枪舌剑，火药味十足。由于擅长辩论，海伦·克拉克经常把其他党派的议员驳斥得哑口无言，很多人都十分忌惮这位火力十足的女议员。

1981 年，海伦·克拉克当选为新西兰阿尔伯特山选区（Mt Albert）的议会议员，由此进入政界。海伦·克拉克在政治态度上十分坚定且执着，无论是对党内人士还是党外人士，只要有不合理的现象或是贪赃枉法的渎职行为，她都勇于揭露和斗争，宁可说真话得罪一些人，也不愿意看到广大民众的利益受到损害，真正做到一丝不苟、铁面无私。也正因为如此，工党内部的行政效率不断提高，在新西兰议会的众多政党中脱颖而出，获得了很多民众的认可和支持，在选举活动中的优势不断凸显。在朗伊·道格拉斯担任总理的新西兰政府里，海伦·克拉克扮演了一个不可替代的重要角色。1987 年，表现突出的海伦·克拉克先后被朗伊·道格拉斯任命为住房部部长和环境部部长。当道格拉斯于 1989 年隐退之后，海伦·克拉克凭借无所畏惧的性格，出任副总理兼任卫生部部长和劳工部部长，在党内的威信得到进一步提高。1990 年，克拉克当选为工党副领袖。1993 年 11 月，成为工党领袖。在1999年的大选中，工党顺利掌握了政权，海伦·克拉克以自己扎实的实力成为新西兰历史上首位通过竞选赢得执政权的女总理，开始了自己的执政巅峰生涯。

02 泼辣妻子与学者丈夫

海伦·克拉克与其丈夫的故事一直为人们津津乐道。她的丈夫名叫彼特·戴维斯，拥有博士学位，一直在奥克兰大学社会学部任教，是一位儒雅的学者。他曾以学者的身份访问过澳大利亚、美国和欧洲的许多国家，在卫生法规和社会学领域颇有建树。2001年春天，海伦·克拉克偕同丈夫参加在中国上海举行的亚太经济合作组织峰会时，彼特·戴维斯以渊博的学识和谦逊有礼的态度给上海医学界和教育界的同行们留下了深刻的印象。

海伦·克拉克在1973年获得法学和文学的学士学位后，因成绩优异留校继续攻读文学硕士学位，同时也开始在奥克兰大学中担任老师。丈夫彼特·戴维斯也是奥克兰大学的老师。谁也无法想象，一贯风风火火、雷厉风行的凯伦·克拉克是如何与一位个性沉稳内敛、儒雅又少言的社会学学者走到一起的。两个人的性格迥异，兴趣爱好更是不同，却因为奇妙的缘分而结为连理，称得上是命运的安排。他们的第一次见面是在1976年奥克兰大学的学生学工会议上，热衷于参加各种活动的海伦·克拉克受邀上台发言，她借此机会阐述了自己的政治主张，并号召人们多多关注新西兰的政治事件。演讲时的海伦·克拉克是最迷人的，她不疾不徐地阐述自己的政治观点，对于社会上存在的不良现象和弊端，她也直言不讳，丝毫不会刻意回避。她活力四射、锋芒毕露的样子深深地吸引了在台下默默观看的彼特·戴维斯，故事就这样开始了。

海伦·克拉克的优点在于才思敏捷、为人正直，说话言辞犀利。但是有时候她在处理事情上略微有些急躁。彼特·戴维斯刚好与她性格互补，这个男人永远不慌不忙，擅长把任何事情都处理得条理分明，他的这种特质十分适合做学术研究，他也最终在学术的道路上越走越远。爱好和气场不尽相同的二人走到了一起，他们一个性烈如火，一个沉静如水，看起来矛盾很多，事实上却相处得异常和谐。陷入爱情的两人有他们独特的相处方式：海伦·克拉克是一个天生的演说家，而彼特·戴维斯最擅长的事情就是理解和倾听。有人会为海伦·克拉克的滔滔不绝而感到心烦意乱，但无论在什么时候，戴维斯都会耐心地倾听克拉克说话、演讲。一有空闲时间，他就去政府议会感受自己心爱的女友舌战群雄的风采。戴维斯发现，演说时的海伦·克拉克有着难以掩盖的光芒，但是褪去女议员的光环，克拉克也只是一个需要支持、理解和关怀的女孩，他最不缺乏的就是耐心了，他愿意站在她的身后，在她成功时为她鼓掌，在她疲累时给她依靠，在她迷惘时给她建议，他愿意默默地成为克拉克的港湾。

他们刚开始在一起的时候，很多朋友们都不看好他们的感情。海伦·克拉克热心于政治活动，整天在外奔忙。而彼特·戴维斯醉心于学术研究，在办公室里一坐就是十几个小时。但是他们并不清楚，沉默寡言的彼特·戴维斯只是选择了低调，这个男人内心坚定果敢，他的这一特质与热情开朗的海伦·克拉克不谋而合，因而两人很自然地走到了一起。令所有人想不到的是，他们的爱情长跑进行了5年时间，并最终迈入了婚姻的殿堂，一直相伴相守。

随着海伦·克拉克在新西兰政界逐渐崭露头角，她与丈夫的感情也慢慢地为外界关注。他们的感情形态与传统的男女相处模式差异巨大。海伦·克拉克一步步迈向权力的顶峰，而丈夫戴维斯却始终默默无闻，他没有显赫的身世，也没有万贯家财，多年来都只是一名普通的大学老师，连他们住的房子都是最平凡普通的居民住宅。妻子如此显赫，丈夫却十分平凡，两个人似乎并不相配，这就是外界对于他们婚姻的最普遍评价。有些人甚至觉得身为国家领导人的海伦·克拉克的婚姻生活是名存实亡的，她这么强势，她的丈夫只是一个可有可无的符号和象征，可是这对夫妻却用现实告诉怀疑者们事实并不是这样。

2001 年 3 月，克拉克的政敌指责她的丈夫戴维斯利用妻子的职权做不正当的事情。传言说：戴维斯私底下给克拉克的私人秘书发邮件，让他悄悄地活动一下，从而让相关部门的官员们多照顾一下自己的好朋友，使他能够顺利地被提拔为政府部门的官员。新西兰媒体就这条新闻对克拉克政府大力抨击，指责她纵容自己的家人蛮横行事，并滥用职权，以权谋私。面对社会各界扑面而来的指责，克拉克十分愤怒，因为她十分清楚，戴维斯是一个正直诚实，一心做学术研究的人，不可能做出任何利用自己的职权谋取私利的事情。面对恶意的诽谤，克拉克始终信任丈夫，她当即选择辞职以证明自己的清白。她坚决得不可思议，丈夫戴维斯一直默默地支持着她的任何决定。没过多久，相关部门就调查清楚了事实真相。原来是克拉克手下的一位高级秘书为了金钱而雇人刻意诽谤他们,这位陷害他们的秘书最终得到了应有的惩罚。当事实最终大白于天下时，他们夫妻的人品与感情也经历住了困境的考验，得到了新西兰广大国民的认可。海伦·克拉克和丈夫戴维斯的相处模式也给了许多人一些启示：恋人双方并不是非得时时刻刻待在一起才能有深厚的感情，真正的感情并不会因为性格的差异、时间或空间的距离而消磨殆尽，他们是彼此独立的个体。尽管彼此独立，却又相互尊重，彼此欣赏，你中有我，我中有你。真正的爱情并不存在孰优孰劣，男性不一定要比女性更加有地位、有权力、有金钱、有名望才意味着有安全感。安全感来源于彼此之间的相互信任与无言支持，只要你需要我，我就站在你的背后，这才是婚姻与爱的全部意义。

海伦·伊丽莎白·克拉克并不是传统的西方女性，她特立独行，很有个性。在与丈夫彼特·戴维斯结婚后，按照西方基督教的传统，她应该改名为海伦·伊丽莎白·戴维斯，跟随丈夫的姓氏。但是她却没有这样做，而保留了原生家庭的姓氏，丈夫戴维斯也十分尊重妻子，对此没有异议。政治活动消耗了克拉克几乎全部的精力，自从成为新西兰工党的议员以来，她的生活一直十分忙碌，也十分劳累，因此在与丈夫结婚几十年以来他们都没有要孩子。丈夫戴维斯对妻子的事业表示大力支持，他知道只有投身于政治活动的克拉克才是最快乐最耀眼的，他乐观开明，接受了妻子的选择。

真正的爱，是接纳，是包容。真正的感情不需要向外界炫耀，更不需要伪装。他们以相伴一生的事实告诉世人他们对于彼此的真挚感情。他们相互独立，更相互欣赏。克拉克与戴维斯的爱情并不是激情四射的，他们的感情如同小河流水，细水长流，没有很多华丽的诺言，也没有很多浪漫情节的堆凑，二人聚少离多，忍受流言蜚语与寂寞孤独，仍旧相互打气，彼此迁就，共同坚守，相濡以沫，互相扶持，一起走过漫长的人生岁月。

03 做自己的女王

在为人处世方面，克拉克有着自己的原则，从来不对任何人妥协。即使面对英国女王，也依旧自信傲然，因为在内心深处，她只做自己的女王。

众所周知，英国对新西兰而言，地位比较特殊。传统上，由于新西兰曾经是英国的殖民地和自治领，因此对外政策上，新西兰曾经与英国保持高度的一致。新西兰没有成文的宪法，其宪法是以英国议会和新西兰议会通过的一系列法律和英国判例等为基础的。但是 20 世纪 70 年代以后，随着新西兰的不断进步和发展，英国与新西兰在发展自身国力的政策方针上各自发生了一些变化，新西兰与世界其他国家的交易往来越来越频繁，英国作为新西兰第一大贸易伙伴的地位也不断被削弱。新西兰与英国正在通过各种协定来维持两国的关系。

新西兰议会实行多党制，虽然已经脱离了英国的殖民统治，但是英联邦并没有解散，多年以来，新西兰仍然是英联邦成员国之一，而英国女王是名义上的国家元首。2002 年 2 月，英国的伊丽莎白女王访问新西兰，新西兰政府设晚宴迎接女王的到来。英国人十分注重传统和礼仪文化，而女王作为名义上的国家元首,往往是国家的礼仪和传统的最高象征。女王的到访对于英联邦国家而言是代表莫大殊荣的大事，按照传统的英国贵族文化，凡是参加晚宴的女性都必须身着晚装裙，以表示对国家元首到访的感激与支持。

为了招待好伊丽莎白女王，所有人都卖足了力气：国宴在新西兰政府最好的宴会大厅内举行，当晚所有受邀参加宴会的男议员们都西装笔挺，晚宴上少不了他们的夫人们，在场的女性们无不打扮得珠光宝气，她们在相互比拼着，都想让自己更出彩一点。宴会现场言笑晏晏，觥筹交错，一派热闹的景象。晚上 9 时 15 分，尊贵的伊丽莎白女王出场了。自女王登基以来，她已出访过很多国家，只见她身着考究的套裙，不慌不忙地从会场的一侧缓缓走来，一举手一投足都很优雅，镶满钻石的皇冠在吊灯五彩的灯光下熠熠生辉。接着出场的是新西兰政府总理海伦·克拉克，可是她一出场就惊呆了所有人。海伦·克拉克并没有穿晚装裙，依旧是干练的衬衫长裤，与在场许多贵妇人的珠光宝气形成了鲜明的对比。对这情景，很多议员们都惊呆了，甚至连伊丽莎白女王也诧异了片刻。海伦·克拉克之所以这样做是有理由的。在她看来，新西兰已经是独立的国家了，虽曾受英国的殖民统治，但那是很多年前的事情了，虽然现在新西兰仍然是英联邦成员国之一，但现在是，并不意味着永远都是，新西兰有朝一日一定会脱离英联邦，成为独立的共和国。

海伦·克拉克铁面无私的性格也给她树立了很多政敌，给她的日常工作造成了不小的阻碍。克拉克的日常工作是在新西兰的首都惠灵顿进行，但是她和丈夫戴维斯的住宅却在北方城市奥克兰。她的住宅位于奥克兰大学附近的一个普通的居民区之内，房子不仅就在马路边上，而且还没有警卫守卫，墙壁和窗子上经常会有反对者们扔的生鸡蛋和破酒瓶的痕迹。夫妻两人对此早已习以为常，丈夫戴维斯在空闲时，经常会去家门口打扫卫生，把该擦的擦了，该捡的捡了，毕竟生活还要继续。只要在海伦·克拉克的带领下，这个国家能够发展得更好，那么他们所遭受的这些小风波也就只算是生活的调味剂了，戴维斯经常这么乐观地想。反对者们敢直接来他们家外面扔东西，说明这个社会的言论是自由的，每个人都有自己的民主权利，能够积极参与政治活动，并可以就他们的观点，以自己的方式自由地表达。这是每一个政府领导人都喜闻乐见的，这也从侧面证实了海伦·克拉克执政时期新西兰政治的开明程度。

有一次，克拉克在竞选连任之前，遭受了政敌捕风捉影的陷害。有人向司法部揭发她在任职期间有腐败现象，指控她指派下属去慈善机构拍卖署上自己姓名的假画，以此谋求出名。这个事件经过新西兰媒体报道，立即引起了轩然大波，民众一片沸沸扬扬，克拉克的政敌们都幸灾乐祸。克拉克忍下满腹的怒火，坦然地接受了有关部门的调查。事实证明克拉克并没有任何的渎职行为，这次诽谤事件是她的一个高级秘书经不住利益诱惑，背着她干的坏事。真相大白之后，这次乌龙事件对海伦·克拉克的竞选连任不仅没有造成干扰，反而成了她成功连任的一大助力。面对种种诋毁和困厄，克拉克从不轻言放弃，她更愿意绽放出最明朗的笑容，面对那些不怀好意的面孔，卷起长袖，舞出绚丽的人生之舞。

在海伦·克拉克执政期间，新西兰的经济开始复苏，出现了多年来都不曾见过的高速增长。到 2005 年时，新西兰的失业率由百分之十几下降到了 3.6%，在同时期的发达国家中是最低的，新西兰当时的社会稳定率也居于世界前列。克拉克政府延续了无核政策，坚决反对核武器，为促进世界和平做出了重要的贡献。

海伦·克拉克是一位积极的女权主义者，她不仅自己热衷于政治，而且还鼓励世界各国的妇女积极投身政治活动。2005 年底在韩国釜山举行的亚太经济合作组织领导人非正式会议上，海伦 · 克拉克就“21 世纪的国家领导人应该具备什么样的条件”做出了自己独特的回答。她认为只有具备努力、包容、节制、关爱这四大品质，才能成为一个真正成功的国家领导人。她告诉记者，作为一名女性领导人，要勇于突破世俗对女人的偏见的藩篱，为了成功实现自己的政治梦想，一切的闲言碎语和挫折打击，都不算什么。她的讲话在记者的脑海里留下了深刻的印象。

从 1999 年到 2008 年，海伦 · 克拉克连任三届政府总理，是新西兰历史上执政时间最长的总理。2008 年退休之后的海伦 · 克拉克也没有闲下来，她仍然积极参加各种社会活动，尽力发挥自己的社会影响力，为新西兰做出更多贡献，向国民们传达更多的正能量。她的身上有源源不断的光和热，只要生命不停止，她的奋斗也就不会停止。退出政府工作后，海伦 · 克拉克花了很长的一段时间去反思自己的人生，并思索自己真正想要的是什么，真正要追求的是什么。她发现自己对于政治的热爱并没有随着时间的流逝而减少，她想要挑战自我，在世界政治领域做出更大的贡献。可是她已不再是当年那个年轻的女孩了，她还可以追求更多的东西吗？丈夫戴维斯看出了克拉克的苦恼，他鼓励克拉克道：“你现在还没有到做不动的时候，有想法就去努力实现吧，我支持你继续向前走，为什么要白白浪费自己的精力与才华呢？把它用来做更多更有意义的事情吧。我相信你也会更加充实与愉快的”。戴维斯的一番话让海伦·克拉克豁然开朗，也对丈夫的体贴和理解深为感动。她决定继续突破自己，尝试更多的东西。2016 年 4 月，克拉克加入了联合国秘书长的竞聘者行列，为自己定了一个新目标——成为联合国第一位女秘书长。虽然这次竞聘没有成功，她尽力做了自己想要做的事，并不感到遗憾。

工作之余，克拉克有着丰富的业余爱好。她热爱巴西足球，是个铁杆球迷。她还很喜欢攀岩，只要一有时间，她就会和丈夫戴维斯去世界各地攀岩。早在 1991 年，她就凭借自己的力量攀登上了非洲的乞力马扎罗峰，政界很少有女性领导人能像她一样强壮。10 年后，在她 51 岁时，她又征服了南美洲最高的阿空加瓜峰，大有“巾帼不让须眉”之势。她十分认同生命不止，运动不息的人生态度。她相信，总有一天自己会像新西兰的著名登山家埃德蒙·希拉里爵士那样，攀登上世界最高峰——珠穆朗玛峰。另外，受戴维斯的影响，海伦·克拉克酷爱读书，尤其是历史、文学书。她认为读书能使她的身心得到完全地放松，眼界也更加开阔。克拉克也喜欢音乐，她认为，通过音乐和艺术的洗礼，人的精神会更加愉悦，看问题会更加透彻，不至于在某些事情上过于极端、一意孤行，在做重大决定时也更加容易把握方向，做出抉择。

海伦·克拉克的故事让我们相信，路在每一个人的脚下，人生把握在我们自己的手中，坚定地走下去，即使是失败，也要败得优雅。人生需要不断地去尝试一些新的东西，每一次的冲突和经历都是学习和提高的机会，长此以往，生活绝对不会无聊，这才是真正地为自己而活。海伦·克拉克之所以成就斐然，是因为她从来不给自己的人生设限，永远都在突破，永远都有新的人生追求，永远都在路上。没有人可以对她的人生指手画脚，她把自己活成了女王。

04 中国文化的铁粉

一直以来，海伦·克拉克都对中国的文化十分感兴趣。中国地大物博，历史文化绵延数千年而生生不息，56 个民族各有特色又和睦相处，在世界范围内都是值得学习和借鉴的典范。克拉克注意到，中国各个地域都有自己的风俗文化，各个民族也有各自的民族特色，如此之多的文化交织在一起，构造出一种奇妙又完美的和谐。中国政府在处理民族问题方面的政策措施让海伦·克拉克十分钦佩，中国不仅尊重各个民族的文化和生活习惯，而且积极投入大量资金与技术促进少数民族地区经济的发展，力求让少数民族同胞们过上更高水平的生活。另外，中国政府十分注重少数民族文化的传承和保护事业，不惜花费大量的人力、物力和财力保护国内的非物质文化遗产，这是新西兰所欠缺的。新西兰也是各种族裔混杂居住的国家，除了本地土著毛利人之外，欧洲裔、亚裔和非洲裔的移民也不在少数。而且近年来越来越多的亚洲人移民新西兰,他们的投资极大地拉动了新西兰经济的发展。所以对于历届政府总理而言，如何处理好新西兰境内各个种族居民之间的关系，一直是一个重大的命题。此外，中国文化极具包容性，在传承传统的儒、释、道文化的基础上，新中国成立后，中国人民通过宪法确定了人人平等，宗教信仰自由等理念，这使得中国的社会主义民主政治闻名世界，海伦·克拉克认为新西兰应该从中借鉴很多有利于新西兰发展的东西。

2005 年 6 月 4 日，世界博览会在日本爱知县举办，海伦·克拉克特地参观了中国馆，并饶有兴致地参加了中国馆内海南文化周的剪彩活动。中国馆的大厅主展区内有一棵栩栩如生的生命之树，播放的阳光女孩乐队演奏的海南歌曲《请到天涯海角来》和《大自然之声》与之相映成趣。二胡悠长婉转的曲调在空气中飘荡着，轻柔优美的音乐深深地吸引了克拉克。她不禁感叹，这细细的两根弦竟然能够演奏出如此美妙的声音，中国音乐真是太奇妙了。海伦·克拉克相信，中国的文化潜力是无限的，只要给中国舞台，它的魅力必然会令世界神魂颠倒。克拉克的观点在五年后得到了验证，2010 年上海世博会上，中国用自己的创造力惊艳了世界。中国国家馆的标志性建筑物是大气的中国红，全木质的建筑结构精妙又稳固。上海世博会上，中国不仅向世界各国展示了 5000 年历史文化的魅力，更用各种高科技的手段宣传了环保的理念。

2006 年 4 月 23 日，新西兰确定了要参加上海世博会并设立展馆。新西兰的展馆占地 2000 平方米，就在中国馆主展馆的旁边，二者仅几步之遥，这也从侧面展示了两国的友好关系。新西兰展馆的主题是“天与地之间的自然之城”，整个建筑物覆盖在一片翠绿之下，宛如一扇巨大的翅膀，与远处朱红色的中国木质建筑物遥相呼应,二者显得格外和谐。新西兰展馆的屋顶上铺满了绿化植被，从高山丘陵地区的植被到沿海地区的植被层层过渡，从一头走到另一头，仿佛在闲庭信步间穿越了时空，使游览者不禁为自己所看到的景象而震撼。

中国十分注重传统文化的传承与发展，新西兰的历史虽然不够悠久，但是也十分注重对文化的保护与传承。与满目层层叠叠的绿色相呼应的是新西兰土著民族毛利族的歌舞，活泼生动的“哈卡战舞”充满了异域风情，毛利人的传统木雕工艺品更是栩栩如生，令人叹为观止。2010 年 7 月 9 日，新西兰迎来国家馆日，中国国务委员孟建柱专门出席了新西兰国家馆的开馆仪式，并在仪式上致辞：“希望通过世博会进一步拉近中国与新西兰的距离，让新西兰的科技光辉和自然之美全部绽放在上海，与上海世博会碰撞出别样的火花。”孟建柱说，他坚信，在新西兰的参与下，上海世博会会更加精彩。到 2010 年为止，中国与新西兰已经建交 38 年了，双方在各个领域都有合作，两个国家的友谊也在交流中日益深化。

2006 年，在中国农历新年的时候，海伦·克拉克特地安排新西兰各界的华人华侨到新西兰的国家宴会大厅内参加庆祝晚会。当天晚上，中国红染红了新西兰迷人的夜，到处都是喜气洋洋的氛围，欢歌笑语，十分温馨感人。海伦·克拉克深知中国的投资对于新西兰的重要性，要是没有新西兰当地华人华侨的贡献，新西兰不可能发展得这么快。在晚会之前，克拉克专门请老师教她最基础的中国问候语，想在新年晚会上用中文向到场的华人华侨们表达问候。参加晚宴时，她还特地选了中国红颜色的套装，穿得十分喜庆。那晚新西兰政府大楼的门口也贴上了毛笔字写的春联，大红的灯笼高高悬挂在晚宴舞台的两侧，华人代表们准备了舞龙舞狮等经典节目。噼噼啪啪的鞭炮不时地在外面响起，午夜的焰火表演吸引了惠灵顿的市民们。整个新西兰似乎都被中国的年味儿感染了，在悠扬悦耳的中国民乐中，海伦·克拉克用她不太标准的汉语对在场所有的华侨华人说，“恭喜发财，祝大家新年快乐！”她的诚意令在场的很多华人华侨们十分感动。

在海伦·克拉克看来，中华传统的儒家文化中有许多值得外国人学习的东西。“精诚所至，金石为开”，这告诉人们要真诚地追寻自己的人生目标并为之努力奋斗；中国的“尊师重道”和“尊老爱幼”等优良传统让中国人收获了很多世界各地的朋友；此外，中国人在科技创新领域的聪明才智也让她深深敬佩。

海伦·克拉克自成为政府首脑以来，就一直非常重视发展与中国的友好关系。她不仅多次访问中国，而且在她执政期间，新西兰与中国无论在官方访问还是在民间交流方面都非常频繁。海伦·克拉克在参加很多会议时都曾强调中国对新西兰的重要性。克拉克曾率领新西兰代表团于 2005 年 6 月初次访问中国，在这次出访时，她说，她在 1985 年担任外交事务委员会主席的时候，曾就中新两国关系这一课题进行过仔细的分析研究，并意识到其重要性。尽管当时两国的民间交流非常少，官方访问也十分有限，但她始终对发展与中国的友好合作充满信心。

此后的20年，随着中国的改革开放和现代化建设的不断深化与发展，新西兰与中国的联系也越来越紧密了。中国去新西兰留学的学生数量每年都在增长，是世界上留学新西兰的人数最多的国家。经济贸易领域的合作也越来越频繁，大量的中国游客去新西兰旅游，促进了新西兰外贸总量的大幅增长。2006年4月，中国政府总理温家宝出访新西兰时，克拉克再次在会谈中强调，中国作为世界上最大的发展中国家，毋庸置疑是迅速发展中的大国，无论是在地区还是在世界上，中国所发挥的作用都是不可替代的。新西兰恪守“一个中国”原则，坚决反对任何分裂中国台湾地区的活动。

此外，海伦·克拉克对于中国宪法体系中的“男女平等”具有很高的评价。她认为在性别平等方面，中国一直走在世界的前列。自从中国共产党成立以来，党内就涌现出了邓颖超等一大批优秀的女性，她们对于国家建设的贡献一点也不比男性逊色。中国的妇联在世界上也十分出名，为中国女性的权利提供了保障。对于中国“计划生育”的基本国策，海伦·克拉克也表示了高度的赞扬。新西兰有很多妇女因为无法平衡好家庭与工作，最终只能辞去工作，在家带孩子。中国的“计划生育”政策在控制人口增长，减轻人口压力的同时，一定程度上帮助了中国女性解决这个问题。在中国，许多妇女在生完孩子之后并没有放弃事业，而是继续工作，在事业和经济上保持独立。同时，中国女性在事业和经济上的独立进一步促进了男女在性别上的平等，从而对减轻和消除性别歧视做出了巨大的贡献。克拉克表示对中国领导人的执政智慧由衷地感到钦佩，自己从中学到了很多技巧和知识。

改变世界并不需要多么神奇的魔法力量，我们所要做的仅仅是发掘自身的潜力，发挥出内在的力量。海伦 · 伊丽莎白 · 克拉克再一次向我们证实，女性的力量正在崛起，越来越多的女性在全球的重要领域担任着关键的职位。与男性一样，女性也为全球经济文化的发展做出了卓越的贡献。作为一名女性，我们应该为自己骄傲，更应该认识到自己的潜能与力量。不要害怕去尝试，因为你如果不迈出第一步，就可能错失进入一个新的领域的机会。如果没有机会尝试，那永远也不会接近目标，永远也不会触碰到梦想。果敢、坚定、认真地选择自己的路并埋头去做，总有一天会活出自己的风采，这就是海伦 · 伊丽莎白 · 克拉克教给我们的。

Chapter 02

20 世纪新西兰最年轻总理

——戴维·拉塞尔·朗伊

戴维、朗伊
二十世纪新西兰最年轻的
总理

戴维·拉塞尔·朗伊（David Russell Lange，1942—2005），新西兰前总理兼外交部部长。戴维出生于泰晤士的一个德国裔的医生世家，后跟随家族搬到了奥克兰市的奥塔胡胡区（Otahuhu）。1965 年从奥克兰大学本科毕业后，戴维继续攻读法律，1970 年取得法律硕士学位。之后开始做律师，常常接触底层的平民。1977 年，戴维作为工党议员进入国会。1984 年，戴维带领工党在大选中取胜，本人出任总理兼外交部部长、教育部部长。1987 年 10 月 19 日开始的全球股灾使得工党政权受挫。1989 年，戴维被迫宣布辞职。1996 年，由于身体健康原因，戴维宣布正式从议会退休。

作为第 32 任新西兰总理（1984—1989 年在任），戴维·朗伊领导了新西兰的第四届工党政府。他灵活、善辩，体察下层平民，在他主持政府期间，大规模改革了新西兰的官僚制度，推行市场自由化，并以法律形式确立了新西兰是个无核国家。他是 20 世纪新西兰最年轻的总理，被评为最受人民欢迎的总理之一。

01

从律师到总理

故事得从新西兰的泰晤士镇开始说起：朗伊医生一家早年就住在这里。自从朗伊医生的爷爷从德国移民到新西兰，到目前已经是第三代了。1942 年 8 月 4 日，朗伊家族的第四代子孙也出生了，是个男孩，朗伊先生给新出生的儿子起名叫戴维·拉塞尔·朗伊。与大多数移民新西兰的人不同的是，朗伊家族的祖先并非英格兰人，他们是德国人的后裔。自从第一代移民在新西兰扎下根以来，朗伊家族的男人几乎都选择了医生这一行业。后来戴维·朗伊跟随家族移居到了奥克兰市的奥塔胡胡区。他们一家治病救人，逐渐在这里站稳了脚跟。作为一名医生，朗伊先生在镇上也算是颇有名望，他的医术不错，很多人都愿意找他看病。

如果不出意外的话，朗伊医生想，儿子戴维·朗伊以后也是要继承他的衣钵的。可是有时候事情并不像想象中那样发展，德国人生性严谨，做事认真，个性谨慎少言，可儿子戴维·朗伊却似乎并没有继承到家族的这些品质，他生性活泼，喜欢参与社交活动。戴维的父亲比较内敛，戴维的母亲朗伊太太也并不外向，她温柔沉默、寡言少语，但这并不影响她与丈夫之间的恩爱。他们夫妻两人都是虔诚的基督教徒，他们积极参加卫理公会的宗教活动，传统又保守。父亲是位严肃认真的医生，母亲又一板一眼，儿子却是开朗大方，真是矛盾又和谐的一家人。

戴维的童年和青少年时期是在小镇上度过的，在这里他先后念完了小学和中学。童年时期的戴维是个活泼的小个子，也是让老师们头疼的调皮鬼。由于个头矮小，他经常被老师安排坐在教室的第一排，可是这仍然阻止不了小戴维调皮捣蛋。他的数学不太好，所以每次数学老师挨个提问时，他总是觉得苦不堪言。戴维最喜欢的课程是音乐课。音乐老师是一位身材高挑的女性，她不仅弹得一手好钢琴，高音唱得也不错，于是在一周一次的音乐课上，小戴维总是表现得异常地积极又乖巧。唱歌方面的才能被学校合唱队的音乐老师发掘后，戴维·朗伊开始担任学校合唱团的主唱，站在第一排。尽管身材瘦小，但他的声音极具爆发力，特别洪亮，引人注目。学校辩论队招人的时候，音乐老师推荐戴维·朗伊去参加，她说："你的声音这么洪亮，可以再练练口才，这对你有帮助。"在音乐老师的鼓励下，戴维·朗伊报名参加了学校的辩论赛并且成绩优异。小学和中学在合唱团和辩论队的经历让戴维·朗伊更加自信自己在语言和辩论方面的天赋，他愿意在今后的学习和工作中多接触与之相关的领域。于是在高中毕业之后，他毅然决然地选择了法律专业作为自己今后深造的方向。

1961 年就读奥克兰大学，开始学习法律之后，戴维·朗伊发现这一切并没有自己想象的那么简单。要成为一名合格的律师，不仅要熟悉并记忆各种法律条文，并且要学会灵活应用法律条文去推理论证自己的观点，还要用良好的口才将之表述清楚。但是戴维·朗伊并不后悔自己的选择，这是他自己决定的路，必须为此付出最大努力。大学期间，戴维·朗伊并没有放松学习。为了能尽快熟悉法律入门知识，他每天很早就起床学习，图书馆永远有他忙碌的身影，课余时间他从来不舍得浪费。他的辛苦付出获得了很大的回报，在入学一年后，他就以优异的成绩成为当年大一新生中唯一的国家奖学金获得者。律师是一个辛苦又严谨的行业，光有良好的口才是根本不够的，在正式参与出庭辩论之前，学生们应该积累大量的经验。为了解法官判案的流程和新西兰法庭的特点，戴维·朗伊每周都会专门去一次市里的法院，亲自观摩辩护律师是如何辩论的，就这样他一直坚持了四年。

1965 年大学毕业后，戴维成了一名律师。他天生能言善辩，律师的职业给他提供了施展自己才能的机会。对于一名诉讼律师来讲，辩护不仅意味着要有良好的口才，更重要的是要了解事实的真相，并清楚当下社会的现实状况。律师必须在此基础上才能根据相关法律条文和逻辑体系写出最合适恰当的辩词。第二次世界大战结束以后，世界进入了和平稳定的发展阶段，新西兰也不例外。但是一个社会的进步与发展，经常是伴随着盗窃、抢劫等各种负面的社会问题，战后刚刚恢复平静的国家更是如此。新事物在不断地产生，而旧社会所留下来的一些不合理的因素在短期内并不会完全消失，各种阻碍社会安定的事件也层出不穷，国家的法律体系也亟须进一步完善。

有人说过，了解一个社会最好的方法就是深入它的人群，深入具体的生活中。为了深入了解新西兰底层社会的情况，工作之余，年轻的戴维做过不少的兼职。有一段时间，他在工作中不断接触到工厂主与工人发生利益纠纷的案件。类似案件多次发生，让很多工人的利益受到了侵害，戴维觉得这并不是简单的个案，这些案件的性质有很多的共性。为了更加深刻地了解这些案件背后的深层原因，找出它们之间的共性，戴维·朗伊专门利用空闲时间，在一个名叫“Westfield”公司的肉类冷冻场内当了几个假期的苦力工人。他发现这类的工厂并没有很好地执行8小时工作制，有时候还存在克扣和拖欠工人工资的情况，这些残酷的现实必须由他来揭露。另外，为了了解民众对一些社会新闻事件的看法，他也曾在酒吧、餐馆等人群相对密集的地方当过服务员，与顾客们交流关于社会问题的看法。这些工作经历使他明白，在很大程度上，对新西兰社会的工人、农民或是大多数的体力劳动者而言，他们的社会权益是缺乏完善保障的，更不要说妇女等弱势群体了。诉讼的费用通常是高昂的，很多人利益受损却投诉无门，新西兰现有的司法体系向这些社会弱势群体的倾斜力度并不够。戴维·朗伊在律师这一职业上的个人发展是非常成功的，从奥克兰大学毕业没几年，他就积累了丰富的工作经验。1966 年，他成为最高法院出庭律师。

多年与社会不公平案件打交道的经历使戴维·朗伊逐渐意识到，新西兰的律师群体里面必须要有人为这些弱势群体发声。于是他决定通过自己的努力，为底层劳动者们多争取一些利益。1967 年，戴维·朗伊为了增长见识，赴东南亚多国游历，搜集当地的社会问题，探索其中的共同之处与差异。澳大利亚是新西兰的近邻，两个国家在文化和社会风俗方面有很多相似之处，法律条文也都沿袭了英国《权利法案》中的不少制度。印度、泰国等地的经济并没有澳洲国家发展得好，但是在社会底层的许多问题上，仍然与新西兰有很大的共性，这些国家的发展都无法避开英国的影响。

为了弄清楚各国在金融和商业领域法律条文的差异，戴维·朗伊先后在英国伦敦的几家保险公司和银行工作过一段时间。但是通过调查，他发现经济和金融领域的法律条文差异反映的只是表面现象，更深层的原因来源于国家的政治形态和各个集团之间的利益纠纷。此外，在英国调研期间，他经常去伦敦议会大厦旁听各个党派之间的相互辩论，力求从中学到更多辩论技巧。几年后，戴维·朗伊回到了新西兰北岛，在开科赫小镇上办起了自己的律师事务所，白手起家，从头开始。积累了丰富的经验后，他专门替穷人打官司，而且经常取得胜利，很受顾客的欢迎，在业界树立了良好的口碑。也因为这个原因，戴维·朗伊被很多受过他帮助的人称为“穷人的律师”。在律师行业做到这个程度，已经算是非常成功了，只要戴维·朗伊继续做下去，他一定能在新西兰的律师史上留下自己的痕迹。可是他在之后的日子里，却选择了另外的人生方向，这也是当时的他没有预料到的。

未来从来都是不确定的，有时候人生的乐趣就在于它的不确定性。我们生活中的某一个事件可能就像多米诺骨牌一样，只要一张牌倒下了，接下来便是排山倒海般一系列的连锁反应，催生出一系列新的变化。对于这种变化，人们有一个通俗的叫法——“人生转折点”。戴维·朗伊的人生转折点是在1970年，也就是他28岁的时候。那一年，戴维·朗伊重新返回了母校奥克兰大学继续深造，他一边继续攻读硕士学位，进修犯罪心理学、新西兰刑法和临床医学方面的课程，一边在学校中兼任指导教师，空余时间就去处理几个小官司，生活过得十分充实。如往常一样，这一天的奥克兰阳光明媚，戴维·朗伊吃过早饭之后，就急急忙忙地向奥克兰市的法院赶去。然而就在这个平常的早上，戴维·朗伊的人生轨迹悄悄地发生了变化。他准备去观摩一场9点钟开始的官司的辩论和审判。然而这次他观摩的案件和往常的那些并不相同，这是一个引人深思的案件，在这次经历之后，戴维·朗伊对于自己的人生和职业规划进行了重新思考，并重新定位。

按照新西兰的法律制度，市民有权参与并观摩市内法院的案件的审判。尽管如此，并没有很多人像戴维·朗伊一样以此为爱好，常常去看别人判案。所以不出所料，观众席上并没有多少人。戴维·朗伊悠闲地找了个舒适宽敞的座位，跷着二郎腿，准备好听案子了。当天早上的案件并不十分复杂，案件内容也司空见惯，但是这个案件最终的判决结果却引发了戴维·朗伊的深入思考。

案件的原告是奥克兰市医院的一位女病人，她声称自己被主治医生猥亵了，要求法庭惩办他。一边是女性弱势群体，另一边是正值壮年的有一定社会地位的男人，孰是孰非似乎显而易见。那位中年医生家里上有老下有小，他的母亲是残疾人，儿子只有6岁，妻子身体不好，他是全家唯一的经济来源。家里的条件并不好，经济压力巨大，这位医生根本请不起律师为自己辩护。可是他又不甘心被法庭判刑，如果被判刑，一家人就更没有指望了。别无他法，他只得自己上场，为自己辩护。从观众席的反应来看，舆论大多站在羸弱的女病人那边。在人们的习惯理解中，男人的冲动往往是不可控制的，他对美貌又羸弱的女病人做些什么，似乎是不难想象的。原告席位上的女病人看上去楚楚可怜，她声泪俱下地控诉着自己的主治医生对她做过的那些令人难以启齿的事情，观众席上的有些人听后十分愤怒，甚至大喊着要法官赶快判刑，给那个人渣多判几年，让他尝一尝牢狱之灾的味道。法官只得一遍又一遍地敲着锤子，示意在场的人们保持肃静。那位主治医生的妻子和儿子也坐在观众席上。孩子还小，他不清楚到底发生了什么，“为什么爸爸被锁在那里，他怎么了？”他问母亲，可是那位妻子不知道该怎么样跟自己的孩子解释，只能一遍遍地说着“没事，没事”，伤心地抹掉眼角的眼泪。她不相信丈夫会做出那种事情，可是她也不知道该怎么办。要是丈夫进了监狱的话，谁来养活这一家老小呢？

女病人的家属看上去也十分可怜，她的父亲特别愤怒，女儿遭受了那样的事情，罪魁祸首必须要受到惩罚，他相信法庭会给他们公正的判决，罪犯应该被捉拿归案。可是，事实真的是这样吗？看上去弱小的就一定是受害者吗？那位主治医生真的犯了罪吗？最终法院选择了休庭，两个星期后继续开庭审判。14 天后，同样的地点，同样的案件，不同的是这次来观摩的市民们坐满了法庭的观众席。这一次，案件有了大反转。那位主治医生通过自己的努力，力证自己没有犯罪，没有利用职务之便侵犯自己的病人。法庭在调查过事实真相后，最终以证据不足判处原告女病人诽谤罪，那位医生取得了胜利，他的家人们流下了激动的泪水。

这次经历让戴维·朗伊重新思考“弱势群体”的定义：无论是无家可归的孤儿、四肢不全的残疾人还是经常受到压迫的妇女们，都是典型的弱势群体。可是“弱势群体”就这么狭隘吗？道德的底线在哪里？法律条文又可以将社会上的罪恶现象约束到一个什么样的程度？这些都是他要思索的问题。人性是复杂的，有时候我们看到的、感受到的并不一定就是真正的事实。有些看似弱小可怜的存在，有时候却包藏祸心。社会并不单纯，黑与白之间还有不同程度的灰，这之间是渐变的，而不是分明又清晰的。正确与错误也不仅仅是简单的法律条文就能判定清楚的，凡事无绝对。相对于人性而言，法律的条条框框所能网罗的还是太有限了，在法律和道德的模糊地带，又该靠什么来规范呢？戴维·朗伊突然发现，律师能够做的事情是十分有限的，善与恶往往只有一线之隔，很多事情是没有绝对清晰的界限的。相对于律师这一行业而言，政治的包容性似乎更广阔，法律解决起来困难的问题，道德规范不了的模糊地带，都是一个社会的政治和意识形态的反映。相对于单纯的律师行业而言，也许政治是一个解决问题的良方。于是，在攻读硕士期间，戴维·朗伊加入了新西兰工党，尝试着从一个全新的领域、一个更广泛、更宏观的领域触碰和解决社会问题，贡献出自己有限的力量。

虽然戴维的母亲是保守的，但是他的父亲一直非常支持新西兰工党的政策措施，这对戴维·朗伊产生了不小的影响。从童年开始，戴维就时常听父亲向他谈论对于政治的看法。戴维·朗伊在长大后再去回顾过去时，他猛然发现，父亲早在他很小的时候就为他日后走上政坛埋下了伏笔，冥冥之中，一切竟然是如此的奇妙。1971年，戴维接管了东奥克兰中部尼维多利亚街的法律援助工作，后来又被调到基督城街的治安法院继续从事法律工作。他不再局限于民事案件的辩论。在法院工作时，他逐渐成为一名刑事辩护律师，并且凭借高工作效率闻名当地的法律圈。他对待自己的工作很有热情，也总是深切关注着客户，尽职尽责。直到1974年，在表弟迈克尔·巴塞特的邀请下，他有幸成为奥克兰市议会的劳工候选人，但此时他还处于从政生涯的起步阶段，在具体政治事件上的参与度上并不高，不是特别的活跃。

1977年3月，戴维·朗伊在曼杰尔选区的选举中顶替补缺岗位，成了一名反对党的议员。这时他的优势不断地凸显出来了：律师出身的工作经验使他拥有杰出的口才，早年游历各国的经历让他的社会视野、法律知识，以及辩论能力不断增强，渐渐地，戴维·朗伊开始在议会中崭露头角。在每周例行的议会辩论中，他总能用充分的理由和明晰的法律条文将对手辩驳得哑口无言，为新西兰工党争取到一个又一个的胜利。他也体会到，相对于律师行业，从政似乎更适合他发挥自己的才能，使自己的理念更有机会付诸实践，为社会做出更多的贡献。就这样，戴维·朗伊一步步地走上从政道路，并在这条路上越走越顺。1983 年，他接替比尔·罗林成为反对派领袖。在 1984 年的新西兰大选中，戴维·朗伊带领最大反对党——工党打败了其他党派，以 41 岁的年纪担任了政府总理一职，成为 20 世纪新西兰最年轻的总理。

02

对核武器说"不"

目前已知的最早，也是最严重的核危机，发生在第二次世界大战时期。1945 年 8 月 6 日，日本广岛上空落下一颗原子弹，7.4 万条生命瞬间化为灰烬，7.5 万人遭受到核辐射。三天后，美国军队在长崎又投下一颗原子弹，8.6 万人伤亡。

核战争过于残忍，造成的核辐射危害经过几十年甚至上百年也依旧存在。幸存下来的人们并没有好到哪里去，首先是皮肤癌，其次是各种血液病，数不清的人痛苦至死。水体污染、生物污染，广岛长崎的土地在之后的几十年里寸草不生，不能种任何植物。核能之类的东西，越是强大，越是危险。

关于是否在新西兰发展核能，戴维·朗伊政府做出了艰难的抉择。20 世纪末，资源缺乏这一全球性问题逐渐凸显，很多国家都通过了发展核能的基本国策。在戴维·朗伊之前，新西兰的许多国家领导人对本国的经济和社会发展问题进行过一系列的改革，国民收支状况自战后有了明显改善。但是新西兰经济和民生领域的弊病依旧很多，特别是世界性的经济危机席卷全球以来，新西兰社会的失业率不断攀升。新西兰的国民经济以农牧业为主，在过去的 30 年来，国内单一的经济发展模式已经受到国际经济市场中贸易保护主义的影响，而社会福利政策导致国家的财政年年赤字，政府借了很多的外债，反过来给经济发展拖了后腿，使国内的经济陷入了一种恶性循环模式。单一的农牧业经济模式已经满足不了新西兰的进一步发展，世界各国都在重点发展工业，而工业的发展需要大量的能源支撑，核能就显得格外重要。

发展是必要的，可是也不得不考虑核能的危险性。前车之鉴还在，新西兰必须谨慎。在权衡各种因素之后，戴维·朗伊政府最终决定放弃发展核能，杜绝一切危险因素。在此大前提下，戴维 · 朗伊领导的工党一直坚定不移地坚持反核政策。在 1984 年新西兰大选中，戴维 · 朗伊正式宣布，如果可以连任成功，工党将继续执行无核政策，并承诺专门立法禁止外国的核武器和核军舰进入新西兰的领海范围内，以保障国家和人民的绝对安全。工党的这一主张得到了民众的认可和支持，但也为新西兰的外交事业带来不小的障碍，尤其是在与欧美国家的关系上。

一直以来新西兰奉行的都是同西方结盟的政策，特别重视同美国的关系。美国算得上是新西兰的一大金主了，新西兰的很多农副产品数量和奶制品都销往美国。每年美国从新西兰进口的产品数量占到了新西兰出口榜的第三位，有将近 11 亿美元之多。与此同时，新西兰在国家防务方面也依赖美国的维护。在全世界的军事基地内发展核能是美国的最新战略，而新西兰禁止核能的政策与之发生了冲突。1985 年 1 月，美国拒绝承认自己派出在南太平洋新西兰海域附近巡航的驱逐舰“布赫南”（USS Buchanan）号携带核武器，但戴维 · 朗伊政府拒绝让其进入新西兰海域内。美国因此认为新西兰政府的行为违反了联盟条约，暂停了与新西兰的军事关系。1985 年 7 月 10 日，法国海外安全总局在奥克兰炸沉了呼吁绿色和平的彩虹勇士号抗议船，激起新西兰更高反核武器情绪，而西方领导人亦未给予相应的回应进行平息，新西兰亦开始逐渐疏远了传统盟国美国。一些美国高级官员，如国务卿乔治·舒尔茨，认为错不在他们，而是戴维·朗伊政府误导了他们。美国的不满情绪在那年年末时加剧了，但是戴维·朗伊在英国牛津联盟的辩论中依旧捍卫新西兰的无核立场，并强调“核武器在道德上是无用的”。面对美国核动力舰队的压力，1987年，戴维·朗伊政府通过了内阁批准的《新西兰无核区、裁军和军备控制法案》，以法律的形式确定了新西兰的反核策略。到1990年，即使是国家党也接受了新西兰无核立场的不可逆转性。

03

微笑面对疾病

戴维·朗伊在工作上称得上是尽心尽力，恪尽职守，他敬业认真的态度赢得了很多人的赞扬和钦佩。戴维·朗伊执政期间，十分重视与中国的关系。他在任期内曾三次出访中国，与邓小平有过多次交流，并结下了深厚的友谊。1986年3月28日，邓小平会见了戴维·朗伊，并在会见时与戴维·朗伊分享了他对中国改革开放政策的看法，邓小平指出：在改革开放的基本原则下，中国的政策是让一部分人、一部分地区先富起来，以带动和帮助落后的地区，先进地区帮助落后地区是一个义务。戴维对邓小平的观点表示了支持和认可，在扶贫方面，他借鉴了不少中国的策略，并取得了良好的效果。

可是人无完人，在个人生活上，戴维·朗伊并不十分在意。他经常熬夜工作，烟不离手，饮酒过度，且在饮食方面丝毫不控制，还没到 50 岁就大腹便便，满脸憔悴。1987 年，在参加第二次大选之前，他为了提升个人形象，以获得更多选民的支持，戴维·朗伊花费很大的精力做了抽脂减肥手术，并换了发型和眼镜，可是这一切并没有保持很长时间。他多年以来的生活习惯已经定型，想要改变是一件十分困难的事情。也因为过于随意的生活方式，他的身体状况一直不怎么好。无论是烟酒还是甜食，都是戴维·朗伊释放压力的重要手段。闲暇时间他并不喜欢出去走走，而是更倾向于在家里读书看报，吃吃喝喝，经常在书桌前一坐就是一天，垃圾桶里堆满了酒瓶和糖果包装袋。

1989 年，戴维·朗伊因在 1987 年工党内部的股灾挫折中解除了财政部部长罗杰·道格拉斯的职务而受到党内普遍反对，迫于压力宣布辞去总理职务。同年与相守 21 年的妻子离婚。在此之后，戴维·朗伊的健康状况逐渐恶化，因不良生活习惯和肥胖导致的糖尿病和肾脏问题为他的生活带来了极大的不便。过度饮酒使他患上了慢性胃炎，肝功能代谢也出现了问题。慢慢地，他的身体开始出现一些小毛病，肌肉开始酸痛，睡眠也发生问题，经常失眠，但是睡着了又不容易醒过来，有时候整个人有点精神恍惚。起初他并没有十分在意身体上的小毛病，“毕竟上了年纪，身体上有一点点小毛病应该是正常现象吧。”戴维·朗伊经常这么安慰自己。结果他的病情逐年加重，并且慢慢影响到了他的从政生涯。当身体健康问题影响到了工作和日常生活时，说什么都有些晚了。1996年，他不得不退出议会，专心养病。

2002年，戴维·朗伊被诊断患上了一种罕见的淀粉样变性糖尿病，这种病无法治愈，他的生命安全受到了极大的威胁。然而疾病的折磨并没使戴维·朗伊一蹶不振，住院期间他坚持看书，用闲暇时光仔细研究新西兰的经济状况，寻找有效的解决办法。

戴维·朗伊的晚年几乎是在医院中度过的。他隔三岔五就要去医院检测血糖，注射胰岛素，以控制糖尿病的发作。早些年他吃了太多的甜食，在得了糖尿病之后，他只能尽量控制自己的饮食。这时的他不仅需要戒烟戒酒，而且在饮食上面，甚至连淀粉都不能过多地摄入，这让他感到痛苦不已。可是没有其他更好的办法，病情还在继续恶化，他只能遵循医生的嘱咐。

值得称赞的是，在医生告诉戴维 · 朗伊他有可能只剩下一年生命的时候，他并没有感到害怕。他对自己的病情态度乐观，平静地接受了并继续住院治疗。生活往往并不完美，也不是所有的努力都能获得成功，上帝有时候会稍稍地恶作剧一下。戴维 · 朗伊积极配合医生的治疗，十分坚强地挺过了一年的时间。然而他患的毕竟是不治之症，无论再怎么努力，他的病情还是在不断恶化。在病情最严重的时候，戴维·朗伊一天中有 20 个小时是在昏睡中度过的，清醒的时间十分有限，但是他还是在努力地坚持着。由于血液循环障碍，身体供氧不足，他的双脚常年发冷。另外，全身痉挛，活动困难，腰部以下失去知觉，双腿溃烂，行走时痛苦不已，只能借助轮椅来行动。短短的几年时间，戴维瘦了一大圈，整个人苍白羸弱，与当初那个魁梧肥壮的领导人判若两人。病魔的打击让他吃尽了苦头，可他只能默默承受，咬牙坚持，期待着通过自己的努力抵抗疾病，延缓生命，能再为新西兰做些什么。

当时治疗糖尿病和肾脏问题的技术还十分有限，为了使戴维 · 朗伊少受些痛苦，尽快康复，新西兰甚至专门从国外引进了腹膜透析技术。然而，长期的腹膜透析治疗并没有对戴维 · 朗伊的病情起到很大的帮助作用，他的健康状况还是在一天天变差。尽管病情不断恶化，戴维·朗伊一刻也没有忽视对新西兰国家大事的关心，他对此投入了巨大的精力，这也是他在人生的最后阶段内全部的精神支撑。2005年7月5日，戴维·朗伊在病榻上接受了人生的最后一次采访。当记者把话筒举到他面前时，他甚至连拿起话筒都觉得困难。他太虚弱了，多年的病床生活快要耗尽他全部的精力了，但是在谈及新西兰的发展问题时，他的两眼仍然透露出熠熠的光彩。他向记者表示，自己很希望在不久之后的新西兰国家大选中能够坐轮椅去现场发言。在他执政期间曾经通过法律条文确定了新西兰反对核武器，坚持无核政策的战略方针，核问题已经是世界性的问题，新西兰必须有正确的认识。他希望，如果有机会的话，自己可以亲自去惠灵顿修改政府之前关于核问题的政策法规，使之更加完善，更易于执行。

2005年8月2日，为防止病变细胞的进一步扩散，病情急剧恶化的戴维·朗伊在没有完全麻醉的情况下接受了右腿下部的切除手术。手术的疼痛自然是不必言说，但是戴维·朗伊咬牙挺下来了。如果不是病情严重到了一定的程度，相信没有人会主动同意切除掉自己身体的一部分。为了继续活下去，戴维·朗伊不得不做出这样的抉择。非常不幸的是，手术之后他的身体情况并没有好转，仅仅11天后，肾脏功能衰竭的戴维·朗伊就在米德摩尔医院（Middlemore Hospital）

永远地离开了人世。他的逝世是新西兰举国震惊的大事，许多他的支持者们都自发走上街头，举行了相关的悼念活动。戴维 · 朗伊在当律师时帮助过的穷人不计其数，他的善行将永远被这些人铭记。

戴维 · 朗伊是新西兰有史以来最年轻的总理，他在执政期间为新西兰做出了巨大的贡献，是历届政府中最受欢迎的总理之一。他在执政期间对新西兰的官僚体制进行了大规模的整顿改革，使得政府办公效率提高，贪污腐败现象减少，民众对政府的认可度获得了很大提升。在他的领导下，新西兰市场的自由化程度也不断提高，经济发展更有活力了。他以幽默风趣、积极开朗的行事风格在新西兰的史册里留下了浓墨重彩的一笔。

Chapter 03

新西兰的铁娘子

——珍妮·玛丽·希普利

新西兰的铁娘子
珍妮·希普利

珍妮·玛丽·希普利（Jennifer Mary Shipley，1952— ），新西兰第36任总理和第一位女总理（1997年12月8日至1999年12月5日在任）。出生于新西兰南岛戈尔镇（Gore）的一个普通牧师家庭。从布伦海姆市的马尔堡女子中学完成高中学业后，珍妮·希普利考进了基督城师范学院学习教育专业，并顺利完成了大学学业。1971年毕业后成为一名老师，并在1976年前一直在小学教书。1975年，加入了新西兰国家党。1987年，当选成为国会议员，随后进入内阁，并在政府的社会福利部部长兼妇女事务部部长的职位上做出了不小的成就。1997年，成为新西兰国家党自创建以来的第一位女性党魁与新西兰首任女总理。珍妮·希普利是新西兰国家党的改革先锋，在她执政期间，全球性的经济危机波及世界的各个角落，新西兰也在其中，经济发展艰难。珍妮·希普利以自己的智慧和干练有效地解决了一系列问题，领导新西兰走出了经济危机的泥潭，使新西兰的经济恢复了生机。珍妮·希普利曾几度来华访问，与中国结下了不解之缘，为中、新两国在经济、旅游和商贸等方面的合作做出了重要的贡献。

01
平凡的出身

新西兰西南部的戈尔小镇面积不大，人口密度也不太高，但是这里却是个风景如画的地方。小镇出产的葡萄酒有一个浪漫的名字——月光酒，这种酒不仅在当地十分受欢迎，而且远销国外，为当地的老百姓创造了一笔不菲的收入。由于工业发展比周围其他的镇子要好，这里的人们生活富足，衣食无忧，这个小镇也因此获得了“南半球的芝加哥”的称呼。镇中心有一座很大的火车站，连接着新西兰南岛的其他城市，很多旅途中的游人都在这里换乘车辆。另外，小镇上有很多果园和专门开发出来的菜地，农产品有专门的销售渠道，产量十分丰富。

1952 年 2 月 4 日，珍妮 · 希普利在这个小镇上的一户普通牧师家庭里出生了。父亲是戈尔小镇上长老会的牧师，他能言善辩，很有自己的见解和想法，工作能力很出色。据小镇上的居民形容，希普利牧师讲话逻辑分明、条理清晰，声音深沉而富有磁性，人们都愿意找他倾诉自己的烦心事。希普利家里有四个女孩，珍妮 · 希普利排行老二。女孩们都继承了父亲善于言辞的特质，个个能言善辩，沟通能力都很强。

父亲是一个非常关心政治局势的人，他思想开明，眼界开阔，不会因为四个孩子都是女孩而有所偏颇。他经常在晚餐时间畅谈社会新闻，无论是对于宗教异端事件还是新西兰小学和中学的教育改革问题，他都很有见解。尽管他信仰的是传统的基督教，但仍然十分支持男女合校，他认为只有多与异性相处，女孩们的人格成长才能更加健康。受父亲的影响，珍妮·希普利在很小的时候对一些社会的和国家的重大问题就有了自己的想法与观点，在懵懂时期就完成了在政治上的启蒙课程。她在学校的文科类课程上总是积极发言，思维越来越敏捷，嘴皮子也越来越利索，从不在任何场合紧张怯场，举手投足间气场十足。在学校举行的辩论会上，珍妮·希普利言语犀利，对于问题的表述逻辑清晰，她的身上已经隐隐地显现出一个政治家的品质。

珍妮·希普利的童年时光是快乐、简单而又充实的。博学多才又能干的父亲给家里的孩子们进行启蒙教育，给她们灌输了正确的价值观。母亲是典型的家庭主妇，她把所有的精力都放在家人的日常生活上，她总是默默地做事，从不抱怨，也很少发脾气批评孩子。家里的氛围永远和睦温馨，如同心灵的温床，使珍妮·希普利得以健康成长，也给了她很多自信。所以在人际交往方面，珍妮·希普利比一般的孩子更有优势。小学毕业后，珍妮·希普利进入马尔堡女子中学继续自己的学习生涯。马尔堡女子中学位于布伦海姆市，这所学校的文学、史学和法律专业在新西兰教育界非常出色，新西兰著名的女作家艾琳·达根也是从这所学校毕业的。中学的那几年，珍妮·希普利一直独自在外生活，她体会到了一个人的不易，变得越发成熟独立。喜欢热闹的珍妮·希普利在课余闲暇时间结识了很多好朋友，他们志同道合，共同练习演说和朗诵。珍妮·希普利的口才也因此更好了，更加善于表达和交流。没过多久，她就成了学生会成员，在校园内很受欢迎，深得老师和同学们的青睐和喜爱。

珍妮·希普利的父亲作为一名戈尔镇长老会的牧师，每天都会祷告好几次，经常帮助小镇上的教徒们排忧解难，倾听他们的烦恼，抚慰他们的忧伤与痛苦。每周日早上的礼拜他从不缺席，小镇上要是有新生儿的洗礼活动，他也一定会参加，侍奉上帝十分虔诚。受父亲影响，希普利一家都是温和虔诚的基督教徒。在珍妮·希普利年幼时，她很喜欢父亲的职业，想像父亲一样从事这份看似没有技术含量却十分有意义的工作，服务小镇的人们，过着简单恬淡的乡村生活。中学期间，珍妮·希普利的学习成绩一直很优异。完成高中学业后，珍妮·希普利考进了基督城师范学院学习教育专业，并顺利完成了大学学业。1971 年到 1976 年，珍妮·希普利在阿什伯顿当了5年的小学老师，这是她整个人生中最平静安逸的一段时光。

在阿什伯顿当小学教师期间，珍妮·希普利认识了她未来的丈夫波顿·希普利。波顿·希普利是个健壮的小伙子，家境殷实又十分勤奋，为人朴实热情，珍妮·希普利很快就被他打动了。波顿的农场在南岛上，离珍妮·希普利任教的学校并不远，他一忙完农场的活，就会去珍妮的学校里转转，两个人迅速地坠入了爱河。1973年，他们结婚了。婚后，希普利夫妇迎来了两个孩子，男孩名叫本，女孩名叫安娜。波顿对珍妮·希普利一直体贴入微，时不时地制造些小惊喜给她，夫妻二人结婚40多年，依旧甜蜜如初，真是羡煞旁人。

珍妮·希普利的才能就像会发光的金子一样，没有被小镇的忙碌生活掩盖住光彩。在当小学老师期间，珍妮·希普利擅长交际、热心公众事务的特长逐渐地显现出来了。在工作之余，她积极参加阿什伯顿小镇的各项社会活动，并加入了普朗凯特协会，参与协会举办的各项社会活动，倡导教育、关爱儿童，从而积累了大量社会工作经验。丰富的社会见闻和工作经验给了她参与政治事务的热情与勇气。利用自己善于交际、善于组织社会活动的优势，珍妮·希普利开始逐渐活跃在阿什伯顿小镇的政治和社交圈，慢慢走上了从政的道路。从此，一个又一个的小成就逐渐积累，一步一个脚印，珍妮·希普利逐渐具备了一个合格的政治家的基本素养。

据珍妮·希普利本人回忆道：“无论是教师、牧师还是国会议员，这些职业都有一个很大的共同点，就是要承担责任。”她坦言自己选择从政也是社会责任感使然，教师改变的是孩子的世界，牧师抚平的是苦痛的灵魂，而政治决定了所有人生存的大环境。

珍妮·希普利有句名言：“政治不是文艺表演活动，要想有所作为，必须做好充足的思想准备。”此言不假，从某种意义上而言，政治就是不同利益集团间的博弈，是有着不同政治理念的政治家们的角斗场，是个不见血的战场。政坛博弈，只有一条铁规，要么成为狩猎者主导一切，要么成为别人的猎物。面临挑战和被追逐的命运，纵观珍妮·希普利几十年来在新西兰政界的种种作为，步步都透露出她无限的潜力和个人能力。1975 年，年仅 23 岁的她毅然决然地加入新西兰国家党，兢兢业业拼搏了 12 年后，于 1987 年当选为国会议员……她凭借自己的努力完成了很多女性难以做到的事情。对于平民出身的珍妮·希普利来说，她所经历的困难与博弈早已不计其数，所以称她为“新西兰的铁娘子”一点也不过分。

02

不爱红装爱政治

1988 年，是珍妮·希普利当选为新西兰国会议员的第二年。时任国家党党魁的博尔格看中了她在辩论和演说方面的天赋，把她安排在了议会党团，成为国家党在社会福利事务上的发言人，珍妮·希普利也因此得到了更多的锻炼。1990 年，珍妮·希普利迎来了人生的第一次大的飞跃，博尔格率领国家党夺回了执政权，珍妮·希普利随即被擢升为社会福利部部长，并兼任妇女事务部部长。对于一个没有年满 40 岁的年轻女性而言，这简直是不可能做到的事情。在博尔格的允许下，珍妮·希普利在担任社会福利部部长期间对社会福利进行大规模缩减与重塑，使得新西兰的经济自由化改革得到了进一步深化。1994 至 1995 年度，政府用于社会福利的支出约为 90 亿元，其中 14% 用于家庭福利计划，14% 用于失业救济，8% 用于疾病补助，53% 用于养老金。各种社会福利的受益人共达 80 多万。这都是珍妮·希普利努力的结果，而博尔格可以称得上是珍妮·希普利走上政途的“伯乐”。

1996 年的新西兰大选，各个政党间的竞争可谓是风起云涌。议会共有 120 个席位，国家党拉拢各方势力，经过激烈的博弈和斗争后，获得了 44 个名额，艰难地保住了自己在新西兰议会的优势地位。但是依照新西兰的法律，内阁的成立需要 61 个席位。面对 17 个席位的空缺，国家党党魁博尔格经过一番深思熟虑之后，决定与恰巧在议会中取得了 17 个议席的新西兰优先党合作，组成联合政府。在一番讨价还价之后，博尔格答应在政府成立后任命优先党的党魁温斯顿·皮特斯为副总理，并兼任财政部部长作为回报。

在此之前，珍妮·希普利在党内的影响力已经逐年加大了，她不再是一个只会服从命令的下属，党内有很多人都变成了她的支持者。对于博尔格和优先党合作执政的决定，珍妮·希普利是反对的，但此时她的力量还不够强大，扭转不了局面。她十分清楚，若是让皮特斯当了副总理，国家大事的决定权就不是博尔格一个人的了。蛋糕只有这么大，每个人都想分一块，到时候分多分少将会是一件很麻烦的事情。财政部部长更是直接影响着新西兰国民经济的发展方向的重要职位，新西兰优先党在内阁里的议席只有十几个，给他们这么大的权力真的有些不划算。其次，优先党的党魁温斯顿·皮特斯思想老旧，是典型的保守派，而新西兰的国民经济正面临巨大的改革契机，应该任命一位思想开明、敢于创新的财政部部长。

珍妮·希普利的一己之力并不能阻碍事态的继续发展，但是她的担心并不是多余的。联合政府成立后，博尔格不仅没有在国家改革领域做出多大的贡献，反而越来越保守。他年纪大了，只想保证自己执政期间国家安稳，不出乱子，没有什么大的追求。他想在离职前留一个好名声，改革的风险太大，他懒得做过多的尝试，国内社会经济改革的步调也因此被放缓了。与博尔格的疏忽怠慢形成鲜明对比的是，联合政府的另一位领导人皮特斯的态度却越来越强硬。优先党难得有这么好的发展机会，他野心勃勃，政府副总理和财政部部长的职位已经满足不了他的胃口了。皮特斯坚信，只要抓住了机会，优先党甚至可以逆袭成为新西兰最大的党派。政府的工作效率越来越低，国家的经济甚至陷入了停滞，新西兰的政坛内部不再平静，处处都是暗潮涌动，对博尔格的执政方针不满的议员越来越多。而这时的珍妮·希普利已经参政 20 年，她已经是一个资深的政府官员。多年的从政经历使她形成了明确的政治理念和坚定的政治立场，并且极具政治手腕。从 1996 年下半年开始，她制定了一套缜密的计划，并游说议会中的国家党党员。意料之中，她的努力获得了回报。党内的多数议员都支持她任职。

1997 年是被新西兰的史书着重记载的一年。无论是对珍妮·希普利，还是对博尔格，对国家党，甚至对整个新西兰来说，这一年都意义重大。博尔格只想守成，但是他的愿望破灭了。他想留一个稳重的好名声，可是历史没有给他这样的机会。珍妮·希普利已经是一个成熟的政府官员了。一山不容二虎，她有自己的政治理想，她必须让保守的博尔格下台。国家党的地位不稳，其他的党派都在蠢蠢欲动，党魁的换选，可以换来党内众人接下来几年的发展前途，没有人不赞成这么做。

因第六次亚太经合组织领导人非正式会议定于 1998 年在吉隆坡举行。1997 年 11 月下旬，博尔格出国进行了为期半个月的外事访问。趁着他出国访问交流期间，珍妮·希普利加紧了对部分国家党议员的劝说，很多态度摇摆、暧昧不明的议员都被她说服了。她争分夺秒地争取支持，直到博尔格启程返回新西兰的前一天，她还在努力，最终顺利地争取到了多数党内议员的支持。《孙子兵法》云：“实而备之，乱而取之，攻其无备，出其不意。此兵家之胜，不可先传也。”这其中所蕴含的深意被珍妮·希普利使用得淋漓尽致。

12 月的北半球寒风凛冽，而南半球正夏日炎炎。12 月 3 日，正值新西兰境内最炎热的夏季。经过了半个月的访问，博尔格终于回国。他原以为回到新西兰时迎接他的会是党内人士的欢迎与慰问，没想到最终迎来的却是来自以珍妮·希普利为代表的党内多数议员的“最后通牒”：二选一，要么体面又光荣地辞职，要么等待严苛的党内弹劾。

此刻站在机场出口，博尔格的心情无比的沉重与复杂，他做梦也没有想到会发生这种事情。人生啊，他又能说什么呢？两周前他还是国家总理，风光无限。短短的十几天后，一切就都变了样。国会大厦门口的新西兰国旗依旧随风飘扬，和他走之前没有什么区别，可是再回来，一切就都物是人非了。

第二天早上，议会大厅内，博尔格和珍妮·希普利两人面对面坐着。

“珍妮，给我个理由，你们为什么这样做，我可是政府首脑啊！”博尔格故作平静地说。

“博尔格先生，真的对不起，可是我必须做这个决定。”半晌之后，珍妮·希普利回答道。

“我平日里工作不够认真吗？还是对党内的议员们不够好？你可是我一手提拔上来的，这么多年来我一直重用你，你却要这样回报我吗？”博尔格有些气愤。

“先生，您很好，也很尽心，可是您有没有发现，我们党似乎没有以前那么有斗志了。很多人是不赞成联合政府的，当初您就应该听一听他们的意见。”珍妮·希普利答道。

“可是珍妮啊，你有没有考虑过，不组建联合政府，我们能获得执政权吗？”博尔格反问道。

“先生，总有解决办法的，您是不是该改改想法了，我们还是第一大党，换个方针可能会更好，您不觉得吗？”珍妮·希普利问道。

“所以呢，珍妮，你们打算怎么处置我？”博尔格无奈道，“废了我，换个总理吗？你觉得谁合适呢？”博尔格说。

“那就不劳您费心了，我会好好做的，您看着吧！”珍妮·希普利信心满满地说。

就这样，博尔格辞去了党内职位，虽然有些残酷，但是这就是政治斗争。14 天后，惠灵顿的政府大楼里，政权交接仪式顺利举行，博尔格政府最终倒台，年仅 45 岁的珍妮·希普利成功接替其为新西兰总理，重新组建了内阁，成为新西兰历史上的首位女总理。这一重大事件奠定了珍妮·希普利在新西兰政坛的传奇地位，并使她永载新西兰史册。她与博尔格在 1997 年的这场政治博弈，情节紧张，剧情跌宕起伏，俨然一部现实版的《纸牌屋》政治剧。作为新生力量，年仅 45 岁的珍妮·希普利凭借一己之力，在政治竞争中反戈一击，最终打败了博尔格。

新西兰独有的“希普利时代”，在此刻正式拉开了序幕。珍妮·希普利从政期间大刀阔斧地进行经济改革，一些政策措施初时不得人心，但推行一段时间后却大大改善了国家财政和经济状况，最终博得了社会各界人士的高度认同和积极评价，同时也为她赢得了新西兰“铁娘子”的称号。

1999年在新西兰主持亚太经济合作组织会议时,珍妮·希普利是出席会议唯一的一位女性领导人，她用自己的实际行动告诉世人什么是“巾帼不让须眉”。在以男性为主导的世界政坛中，她是一抹奇异鲜红的女性力量，不少国家领导人都发自内心地对她表示敬佩。

03 与中国结缘

2002年，珍妮·希普利退出了新西兰政坛。但这并不是她工作生涯的终结，而是一个新的开端。她曾多次来中国进行商务访问，发挥着自己的余热，为中国和新西兰两国的经济、商业贸易和旅游等方面的合作做出了巨大的贡献。

2014年，“中国长汀国家历史文化名城保护日暨缅怀路易· 艾黎先生”活动在“客家首府”长汀举行，新西兰前总理珍妮·希普利“空降”长汀，为本次长汀大型文化推介活动的举办带来了一个大惊喜。

路易·艾黎来自新西兰，在中国生活的60年间，他为中国的革命、建设和改革事业奉献出了自己的一生，是与白求恩齐名的“中国十大国际友人”之一。1938 年，路易 · 艾黎受宋庆龄的委托来到福建长汀，在这里创办了中国工业合作协会长汀事务所，并亲自担任了所长。70 年后的今天，珍妮 · 希普利一行从福建厦门出发，到达长汀后沿着路易 · 艾黎在长汀生活的足迹行进，带着来自新西兰的问候，沿途参观了路易 · 艾黎曾经走过的河田水土流失治理生态展示区，俯瞰汀江水，举目望青山，沿途留下了欢声笑语。

母亲缘广场上的文艺晚会展现了客家人民的热情，千年的古道上有珍妮 · 希普利踏过的足迹。一排排的客家旧居历经岁月风霜，仍旧在向世界各地的游人们招手示意，米酒里有经久不衰的细腻与甜美，客家族戏剧更是客家特色的典型象征。珍妮 · 希普利真切地体验着客家独有的民俗风情并被其吸引。汀州古城的店头街、河田水土保持科教园、工合小楼、古城墙、惠吉门、大夫第，以及客家山寨丁屋岭，她一一走过，感受到了路易·艾黎口中的“中国最美小城长汀”独特的魅力。

在路易 · 艾黎的旧居“望福楼”，专程从北京赶回家乡长汀写生的著名画家涂启先先生赠送给珍妮·希普利一本《舞动中国》画册和一幅路易 · 艾黎的油画。珍妮 · 希普利为他留言：“您是才华横溢的艺术家”。

回国后一周，珍妮 · 希普利就给长汀县县长写了回信，在信里她说：“我很荣幸能加入你们这次的活动中，能收到你们赠送的金钥匙，我更是深感荣幸。我已带着这些宝贝安全地回到了新西兰,并且我很自豪地将它们放在显眼的位置，以便向我周围的人们介绍我这次愉快的经历。你们还将这次行程记录在相册里并赠送于我，在未来的日子里，每当回看时，我都可以想起我们一起度过的美好时光。谢谢你们。”

04

经济管理专家

不再从政的珍妮·希普利并不喜欢回归平淡，她天性热情，喜欢交际，于是开始经营自己的咨询公司，并发挥自己在经济领域的特长，担任了全球数家大型公司的经济顾问，与其他一些公司进行业务往来。

在中国提出“一带一路”建设的倡议之后，珍妮·希普利积极支持，并表示：“当今世界走向全球化、一体化已是势不可挡的历史潮流，只有各国之间共同包容，才能促进资源在全球范围内更加顺畅地流动，才能为全球化的发展推波助澜，为各个国家的人民带来更多的利益。”珍妮·希普利还表示，现在全世界的一线大城市与其说是大城市，还不如说是国际村，来自世界各个国家的人民共同生活在一起，只有增强社会包容性，才能抵御风险，和谐共存。“一带一路”倡议的提出，为增强城市社会包容性提供了一个重要的平台和基础。在多边合作和多边共赢理念下，各国人民可以更加相互包容，更好地抵御风险，共同发展。

在2015年3月博鳌亚洲论坛上，珍妮·希普利担任了第四届理事会成员。在接受采访时，珍妮·希普利说：“有了这样一个机会，新西兰将有可能根据自己的社会经济发展情况来提出议题，促成各方对话，并提高这种对话和研究的质量。”珍妮·希普利坦言，能够成为博鳌论坛理事会成员，她感到十分荣幸。她将与理事会的其他成员以及秘书处的人员一起商议每年4月要在论坛进行讨论的主要议题。除此之外，博鳌论坛也将在不同时间段在世界各地召开不同类型的会议。

从严格意义上来说，珍妮·希普利算是博鳌亚洲论坛的发起人之一，在她还没有退出新西兰政坛之前，她就与日本前首相细川护熙、菲律宾前总统拉莫斯以及澳大利亚前总理霍克进行过私下商谈，决定通过彼此之间的密切合作发起一个非政府、非营利性、定期、定点的国际组织。在他们的努力下，2001年2月27日，博鳌亚洲论坛正式宣告成立。在2015年的博鳌亚洲论坛中，珍妮·希普利就中国与新西兰的经济关系发表了自己的观点：“新西兰企业家们将看到中国和周边国家经济的走向，了解全球私有经济界对于亚洲发展的关注重点、兴趣所在和担忧的问题。”此外，珍妮·希普利是东亚教育论坛的发起人之一。早年的执教经历让她密切关注亚洲儿童乃至全世界儿童的受教育情况，积极致力于促进论坛的发展。

近些年来，中国经济飞速发展。由中国发起成立的亚洲基础设施投资银行也在世界各国，尤其在亚洲各国基础设施建设中发挥着越来越重要的作用。亚洲基础设施投资银行总部设在北京，作为政府间性质的亚洲区域多边开发机构，一直提倡基础设施建设，在国际政治经济领域的话题度一直不低。珍妮·希普利指出，就高质量的政策制定而言，新西兰一贯同意尽早参与与中国相关的政策制定。早在 2015 年 1 月 4 日，中国财政部国际财金合作司就已确认，新西兰已经正式成为亚投行意向创始成员国之一，是第一个成为亚洲基础设施投资银行意向创始成员国的发达国家。事实证明，新西兰的选择是明智的，中国的影响力已经不可小觑。到 2015 年 4 月 15 日，亚洲基础设施投资银行意向创始成员国就增加到 57 个。在各个国家的商定下，亚洲基础设施投资银行章程谈判的完成及合约的签署在 2015 年中完成了，2015 年年底，各个国家拟定的章程进入生效程序，亚洲基础设施投资银行正式成立。珍妮·希普利说：“在与中国紧密合作设计亚投行的过程中，我们占有的领先地位再一次表明新中关系的质量之高，以及中国对新西兰未来经济发展的至关重要性。新西兰现任政府和历届政府一贯寻求与传统贸易伙伴的建设性的合作关系。”

珍妮·希普利与中国商界交流频繁，对于近年来世界范围内的经济危机问题，珍妮·希普利也提出了自己的看法。她认为，不确定性是最大的风险，许多经济体必须做出改革和调整。当情况变得棘手时，增加负债并不是解决问题的良策。我们不能消费下一代人的机遇，而应该思索我们所处的时代有哪些东西是需要改变的，每个时代的家庭、国家都需要认真思索这个问题，以寻求合理有效的解决方案。对于中国政府“从基础设施建设拉动经济增长转向稳定的消费拉动经济增长”的创新尝试，珍妮·希普利表示由衷敬佩。新西兰处在与中国类似的阶段，只有经济发展多元化而且变得更加有弹性，才能在重大变化和压力来临之时找到应对之策。

珍妮·希普利与中国领导人们的私交很好。在同中国领导人长期的交往过程中，珍妮·希普利从他们身上学到了很多东西。她认为，中国的领导人往往能够深谋远虑，在大局观念上，思维开阔包容。中国的女权主义运动走在世界的前列，中国的发展方式具有自己的风格，是任何国家都模仿不来的。

05
世界女性代言人

很多媒体都将珍妮·希普利与英国的撒切尔夫人相提并论，将她称作新西兰的“铁娘子”。珍妮·希普利表示，如果她听到这样的评论，会觉得非常高兴。这从侧面证明了她在自己有限的政治生涯中为新西兰带来了不小的变化。撒切尔夫人带领英国走出了经济困境，提高了英国的国际地位，是一位十分了不起的领导者，而且还是一位女性领导者，值得所有人尊重。人们将珍妮·希普利与撒切尔夫人并论，也反映了对珍妮·希普利的成就的高度认可。

珍妮·希普利是世界妇女领导理事会的会员，并在马德里总统俱乐部占有一席之地，活跃于各大论坛，就世界事务和世界各国的一些普遍性的问题发表演讲，继续以自己的睿智和能力影响着世界。

珍妮·希普利一直致力于女性权益的保护和提升。她初次进入政坛时非常年轻，只有23岁。她后来回忆时指出：在当时新西兰的社会条件下，女性踏入政坛需要极大的自信心,她通过自己艰辛的努力才慢慢获得其他人的尊重和认可。

现今社会发展迅速，人们似乎已经习惯了各国政界的女性领导者的出现，但是世界政坛的绝大多数仍为男性，因此有人形象地把政坛比喻成“老男孩俱乐部”，女性领导者似乎只有表现得极其刚性、行事像男人那样果决有力才能获得认可。对于这种现象，珍妮·希普利也有自己的看法。她坦诚：女性必须对自身更有自信，更加果敢有力，敢于在世界上为自己发声。

她经常鼓励身边商界和政界的女性，要尝试换位思考，在做一些重大决定时，尝试着从男性的角度思考问题，而不是仅仅从单一的角度考虑一件事。如果思维固化，行为方式固定不变，做事情只算做对了一半。对于男性而言，道理也是一样的。这个世界本来就是由男性和女性共同组成的，男性领导人在决策层里发挥的重要作用不能否认，但是决策层里也不能没有女性，很多内阁都设有女性顾问，说明女性是同等重要的。

然而珍妮·希普利并不认为女性领导者必须要像男人一样刚硬有力才能获得支持和认可。自她从政以来，她一直非常明确地表示自己既是一位女性，也是一位母亲。从这个角度来看，她非常愿意通过自己的努力来确保新西兰未来的发展是有益于自己的家庭和子孙后代的。女人的才能应该施展在各行各业,只围着灶台转的生活和中世纪的妇女没有区别。

珍妮·希普利的丈夫也经常鼓励她去工作，为她加油打气。

珍妮·希普利有句名言：你在社会中扮演的角色并不会决定什么，你的行为也不是非得代表什么样的含义，没有人可以给你做决定，限制你的只能是你自己。作为妻子、母亲、国家的总理,平衡工作和生活是她生活中的一个巨大的挑战，但是她处理得很好。珍妮·希普利不止一次地说过，无论是男人还是女人，都不能把忙当作忽视家人的借口。只要把时间分配好，该工作的时候拼命工作，那么每个人都肯定能抽出休息时间陪伴家人，享受亲密时光。因此，她每年都会抽出时间，专门和家人去世界各地旅游。此外，有条理的工作安排和高品质的办公效率无论对于工作还是生活都有益无害。珍妮·希普利会就手头事务的紧急程度进行合理安排，把最重要、最紧急的工作放在前面，不太重要的放在后面，这也是现今很多女性平衡工作和生活的良策。

对于职业女性的发展，珍妮·希普利也给出了建议：不要因为自己是女性就放弃梦想，性别不应该成为职业发展的拦路虎。只要更勇敢一点，女性也可以在自己的领域成为领头羊。她说，在工作时，她遇到过很多才华和能力上一点也不逊色于“一把手”的女干部，她们大多止步于一定的岗位，但是那些女性的才干和能力绝对当得起更高的职位。大多数人认为，女性应该担任领导者的支持者，而不是直接的领导者。有时作为女性也应该自我反省，不能一味地责怪男性领导者占据了太多的岗位，导致女性的机会相对较少。认真思考这种现象，我们会发现很多人都被道德观念捆绑住了思维。我们不能否认近些年世界各地的女性越来越出色，但是一大批女性精英的诞生仍需要更加宽容的社会环境，更加自信的个人认知。当然，这需要时间。

坚持做自己，珍妮 · 希普利无疑是世界女性的表率，这也是我们应该从她身上学到的东西。为自己代言，为女性发声，在她专注于自己热爱的事业时，她所散发的光彩也惊艳了世界。

Chapter 04

中国与新西兰的桥梁

——路易·艾黎

路易·艾黎
中国与新西兰的桥梁

路易·艾黎(Louis Eli，1897—1987)，新西兰著名教育家、作家。出生于新西兰坎特伯雷地区斯普林菲尔德镇，1916 年参加新西兰远征军，赴欧作战。1927 年前往中国。1929 年夏和 1932 年参加赈灾救济工作。1934 年，参加马克思主义学习小组，与共产党建立关系。1938 年初，抗日战争爆发后不久，路易创办中国工业合作协会。1939 年协助新四军兴办兵工企业。1942 年，同英国记者创办了培黎工艺学校，并深受欢迎。1949 年，调拨学校所有卡车帮助中国人民解放军运送部队，为解放中国大西北做出杰出贡献。新中国成立后，路易留居中国。晚年主要致力于学校教育和写作。1982 年，被授予“北京市荣誉市民”称号，同年被新西兰政府授予“英国女王社会服务勋章”。 1985 年，被甘肃省政府授予“荣誉公民”称号。路易 · 艾黎从 1927 年不顾战乱年代的艰苦，跋涉万水千山，来到中国，在这里办学校，组织工业合作社，资助中共抗日游击队，支持中国人民的解放战争，热情参与新中国的建设 。他 50 年如一日，投入自己全部的心力，为中国人民的抗日战争、解放战争和新中国的建设做了大量的工作，做出重大贡献，成为中国共产党的坚定战友，赢得了全中国人民的尊敬，被称为“中国与新西兰的桥梁”。

01

无忧的童年

坎特伯雷平原位于新西兰南岛东部，这里由大片的农田拼接扩展，像一幅巨大的绿色地毯，一直延伸到了冰雪覆盖的阿尔卑斯山南部。这里是新西兰最大的平原地带，一望无际的草原仿佛要铺到天边。路易 · 艾黎的家，就在这片巨大的平原上。克赖斯特彻奇市以西约 65 千米处有一座小城，名叫斯普林菲尔德，这里生活着不少新移民。和这里大多数的家庭有多个孩子一样，路易 · 艾黎的家里有七个孩子，小路易排行第三。19 世纪 50 年代，路易的祖父——老弗雷德里克做出重大决定，弗雷德里克家族举家从爱尔兰搬迁至新西兰，开始了崭新的生活。自移民以来，弗雷德里克家族一直勤勤恳恳地工作，到了路易的父亲弗利德里克 · 詹姆斯 · 艾黎一代，家族终于在斯普林菲尔德站稳了脚跟。路易的父亲是当地一所学校的校长，他努力工作，在 40 岁时事业上已小有一番成就。

1897 年 12 月 2 日，弗利德里克 · 詹姆斯 · 艾黎家的第三个孩子——路易 · 艾黎出生。此时家里已经有了一男一女两个孩子，埃里克是老大，他这年五岁，格温是家里的第一个女孩，她也已经三岁了。第三个孩子路易的名字是姑妈起的，据说是参照了当地一位毛利族首领的名字。那位毛利族的首领，名叫路易·曼尼亚波托，是19世纪60年代毛利人抵抗英国军队的土地战争中的传奇式英雄人物。路易的姑妈年近不惑，是一位未婚女子。根据父亲詹姆斯的说法，路易的姑妈太好了，没有男人能配得上她，但是她非常喜欢孩子，因此母亲就建议她给这个新生的孩子取一个吉祥的名字。正因如此，路易·艾黎，这个长了满头金发的，有着盎格鲁—撒克逊血统的小男孩，最终获得了一个具有新西兰毛利族人特色的名字，算是入乡随俗。路易·艾黎出生一个月后，全家人从斯普林菲尔德小镇搬迁到了不远处的安伯利小镇。

安伯利小镇位于克赖斯特彻奇市北边40千米处，不到300口人，是个清闲的乡间小镇。镇上有一所基督教堂，教堂前方有一条主干道，被称为教堂路。从教堂路通向小镇中心的路两旁栽满了柳树和马可卡柏树，路上布满了深深的车印和马蹄印。镇上气候温和，四季如春，天气从未炎热过，路上也从没有尘土飞扬的时候。路易·艾黎的家就在教堂路的一侧。附近有条名叫多克的小河，河道弯弯曲曲，三处穿过了这条小路，流经学校的操场，流经牧师和医生的住宅，又流过路易家的花园……雨季来临时，水面上涨，总有几个调皮淘气的男孩子在河边不小心滑倒，这时小溪两岸高耸的堤坝总会发挥一点作用。夏秋两季之时，多克河是一条静静的小河。它缓缓流过由鹅卵石铺就的河滩，为众多小动物提供了居所。石头缝里的淡水小龙虾，河湾中的蝌蚪和小鱼苗，甚至是河中聒噪的青蛙，都是路易·艾黎和小伙伴们的最爱，这条河也成了他们玩耍的好去处。

安伯利小镇在路易的记忆中是一个充满了童趣的地方。父亲詹姆斯当时是坎特伯雷学院的老师，每个星期六早上父亲去学院上课，路易和埃里克、格温在一起玩耍。童年往往是简单快乐的，一颗石头、一片树叶，都能成为他们的珍宝。星期日的早上是规定好全家一起去教堂的日子，路易·艾黎和哥哥姐姐们，经常站在大教堂的后排，各自朗读圣经《新约》中的一个章节或是几段话，由父亲点评。父亲是严厉的，他经常站在教堂的另一头，一边听，一边纠正他们的朗诵错误。然后一家人到海滩上散散步，直到中午的午饭时刻。母亲克拉拉·玛丽亚·白金汉是一位勤劳贤惠的妇人，她做的饭一直是路易·艾黎记忆中的美味，烤牛肉和苹果派的香气十分诱人，布丁也特别可口，路易·艾黎总能吃下很多。星期日的晚上静谧温馨，如往常一样，母亲弹着钢琴，大家一起高兴地唱赞美诗，父亲的声音最响亮，甚至可以压过家里的其他人，真是个欢快的夜晚。

那时的生活并不富裕，但也称得上是无忧无虑。路易记忆中家门口的河湾似乎很宽，不远处有一个可以游泳的小水塘，父亲经常带着路易·艾黎和其他兄弟姐妹们去游泳。他们和邻居罗宾逊家的孩子们玩作一团，有时候扮作毛利人相互打闹，有时候在河里抓到一条鳟鱼，就把它放到滚烫的石头上烤着吃，那是少有的美味。新西兰人吃饭通常需要黄油，可是黄油的价钱并不便宜，所以很多人都选择自制黄油。路易·艾黎家养了两头母牛，周末他最喜欢做的事情就是放牛。这是一份闲差，牛在河床上吃草，路易·艾黎和镇上其他男孩子徒步走上很远的路程，去看铁路桥上的火车。火车轰隆隆地极速驶过，车顶的浓烟又粗又长，熏得桥下男孩子的脸上黑乎乎的，这是混杂着油烟味的简单的快乐。

路易·艾黎的父亲詹姆斯作为一位中学老师，素来以严厉出名。他的脾气不好，甚至有一些暴躁，家里的孩子们都怕他。在父亲看来，路易·艾黎的哥哥埃里克是个发展比较全面的孩子。路易·艾黎的姐姐格温的脑子也还算是灵活。但是他对于路易·艾黎的评价却是“脑筋迟钝，个性迟缓”，这让小路易受到了不小的打击。由于反应迟缓，小路易总是少不了挨打，这也锻炼出他善于忍耐的个性。父亲真心地希望每个孩子都能出类拔萃，但是他的教育方式传统又刻板，他在学校里是一位严厉且认真的好老师，但是在家庭教育方面，却着实有些苛刻。从记事开始，孩子们要做的家务活就没完没了。在老詹姆斯看来，孩子们只有通过自己动手、自己干活，才能真正学到东西。但是他有些矫枉过正了，他甚至不许孩子们和他认为的坏孩子一起玩耍，以免受到坏的影响。

小路易就读的第一所小学也是在安伯利，同父亲一样，这里的老师似乎都以严厉著称。二年级时，有位女老师教授数学，她是个完美主义者，眼里容不下一粒沙子。她执意想让自己所有的学生都好好学习，因此要是谁不小心算错了题甚或写错了一个字母，就要受到惩罚。上课迟到要受惩罚，手脚洗不干净也要受罚。刚上学的那几年，小路易没有一天逃得了受罚，但对此他不以为然。路易 · 艾黎曾经在回忆录中写道，他并不认为那位女老师在教他拼写方面有多大的帮助，但是他对她还是很尊敬的，说她一直是自己家的一位好朋友。从客观角度来说，安伯利的学校毫无疑问在许多基础知识上为路易 · 艾黎和其他孩子打好了底子。可是路易 · 艾黎也说，生活本身就是一所学校，安伯利的小学是他人生的第一个课堂，但也只是生活的一个方面。

在全家离开安伯利小镇之前，路易 · 艾黎的父亲詹姆斯创办了区中学。1906 年，路易 · 艾黎全家人搬到了克赖斯特彻奇市，父亲迎来了他事业的黄金时期，他成为华伦努伊学校的新任校长。接下来的几年里，路易·艾黎在下里卡顿区读完了小学。父亲攒够了钱，就在新布赖顿买了1英亩（6亩）的土地，雇了一批工匠，来建造他们的新居。

少年时期的路易·艾黎，仍旧喜欢母亲做的苹果派。他经常在放学后花很多时间去郊区的老果园捡那些落在地上的苹果，带回家去让母亲做苹果派给他们吃。克赖斯特彻奇市的风很大，夏天天气凉爽，十分惬意。

路易·艾黎的父亲虽然脾气有点暴躁，但在孩子的教育方面有自己的主见。他14岁时就边当学生边当教师，奋斗了几十年终于攒够了资金，让家里人过上了好日子。詹姆斯见证了新西兰的小镇如何一步步从荒凉慢慢发展起来，同时，他也看到了新西兰社会中存在的一些问题。他支持教育改革，提倡学生多进行讨论交流。他笃信只有社会进步，民众才能得到进一步发展。他倡导信仰自由，不将自己的信仰强加给孩子。他的观念对路易·艾黎的早期生活产生了很大影响。

路易·艾黎的母亲性格温柔贤惠，待人和蔼可亲，是一位很能干的家庭主妇。她的个性刚好与丈夫互补，给孩子们带去了不少心灵的抚慰。艾黎太太的祖籍是英国诺福克，1884年她的祖辈移居新西兰。在与詹姆斯认识之前，艾黎太太曾在坎特伯雷的一个农场主家里当过几年家庭教师。她思想开明，还曾参加过新西兰早期争取妇女普选权的运动。艾黎太太看过不少书，每个星期她都会去一次市里的公立图书馆，带回一大堆的杂志和小说当作生活消遣。她内心柔软、心地善良，喜欢侍弄花花草草，也在家里养了不少小动物，将家务打理得井井有条，营造出了温馨的家庭氛围。路易·艾黎有一次回家的时候，为母亲整理出了一片小小的玫瑰园，她特别高兴。同父亲一样，母亲的思想也走在时代的前沿。她经常坐在大壁炉前的扶手椅上看小说，火光映红了她的脸庞，把她的丝绒外套照得暖烘烘的。她露出惬意的笑容，朝气蓬勃，就像年轻人一样。在母亲的处理下，任何棘手的事情都变得轻松又有趣。每当路易·艾黎在人生中遇到困境时，一想到母亲的笑容，他便有了勇气和动力。

02

战争的洗礼

在全家人搬到了克赖斯特彻奇市不久之后，父亲买下了一处牧场。牧场在克赖斯特彻奇市城外 400 千米的卡瑟罗克，需要大量的人手。因此，从 1906 年起，路易·艾黎九岁之后，就和哥哥姐姐一起，利用寒暑假，到牧场里去劳动。父亲詹姆斯深信，必须要通过教育让孩子们懂得奋力拼搏的重要性，而最好的方法就是让他们身体力行，多进行劳动。他不愿意自己的孩子们像城里的那些孩子们一样慢慢变得懒惰，养成不好的生活习惯。农场里要干的活很多，路易学会了给母牛挤奶，学会了喂牛喂羊，也学会了做饭。此外，也跟一些牛仔学会了骑马和狩猎。14 岁时，路易·艾黎已经可以单独打猎，并将收获的兔子剥皮。兔子皮 10 分钱一张，路易·艾黎靠打猎攒下了不少钱。

除了在农场劳作之外，十来岁的路易·艾黎热爱读书，抓到什么书就读什么，大都当作闲书来看。他读过萨克雷的书，也曾涉猎过洛纳·杜恩的书，他也很喜欢美国作家欧·亨利的短篇小说。有时候，路易·艾黎也读一些有节奏和韵律的诗歌，算是陶冶情操。

1912 年，15 岁的路易·艾黎升入了克赖斯特彻奇市的男子中学。在那里，他的生活再次发生了不小的变化。这所学校的教育模式和几年前在父亲的小学里所受到的教育截然不同，学校的氛围比较民主，学生们学或不学都是自己的事情，没有人逼他们。这所中学也因其独特的教育理念，被认为是城里最好的中学之一。路易·艾黎的学习成绩并不是特别出众，但是他在那里过得很愉快。

路易·艾黎最喜欢的课程是地理、历史和文学，但是他讨厌物理和数学，尤其是高等数学，让他感到特别头疼。数学老师名叫约翰逊，他经常在黑板上写满三角函数的习题，然后挨个提问同学。问到路易·艾黎时，他总是支支吾吾答不出来，数学老师便说：“唉，你不好好学习，以后只能去做苦力活了！”青少年时期的路易·艾黎是叛逆的，他心想，做苦力活有什么不好，需要干活，那就去做嘛！

植物学老师名叫帕普·朗，是一位清教徒。帕普老师很严厉，但是男孩子们都喜欢他。尽管他有时候言辞尖锐，气极之下会用粉笔砸学生，但是他对学生一向循循善诱，说一不二，男孩子们都觉得他很讲义气。学校规定禁止学生吸烟，但总有几个学生控制不住自己的好奇心想要尝试，路易·艾黎就是其中之一。有一次他偷偷抽烟，被训导主任抓住，学校对他进行了处罚。每逢星期六上午阳光明媚的日子，男孩子们常去靶场打靶，有时候也会恶作剧，化学实验室里的酒精灯就曾被他们偷出来烤栗子用。

1914 年，第一次世界大战爆发，路易·艾黎的哥哥埃里克在战争爆发第 12 天后参战了。战争激发了新西兰人的爱国主义和英雄主义情结，整个社会弥漫着一种为国献身的风气。几乎所有的男孩们都跃跃欲试，路易·艾黎也不例外。1916 年，路易·艾黎在学校实在待不下去了，他执意要上战场。战死疆场、马革裹尸，自己的名字将出现在阵亡将士的名单上，被历史铭记，被人民瞻仰，这才是真正的英雄。哥哥早已当上了中尉，但是在法国的一场战争中，不幸阵亡了，死得很悲壮。路易·艾黎发自内心地敬佩他，也想成为哥哥那样的英雄！他急切地想要入伍，于是他瞒着家里人偷偷填了入伍申请表格。但是他的年龄还太小，没有达到入伍要求，他虚报了半岁，最终还是没能如愿。家人因为这件事很生气，但是他们动摇不了路易·艾黎的意志。1916 年末，19 岁的路易·艾黎终于进了军队，比当时法定的年龄早了 1 年。

战场远在欧洲，打仗意味着要奔赴遥远的国外。作为一个典型的新西兰人，路易·艾黎继承了早年第一批拓荒者吃苦耐劳的品质，并乐在其中。路易·艾黎所在的部队名为新西兰远征军，新兵们都被编入了这支队伍中。随后，他们被派往北岛，并在那里学会了基本的军事技能。新兵蛋子们乘坐“乌利马罗阿”号轮船从新西兰的北岛出发，途经澳大利亚西海岸、南非开普敦和塞拉利昂，经过 10 个星期的航行，最终到达英国战场。

1917 年 10 月，路易·艾黎的部队来到了盟军在索尔兹伯里平原地区的驻地。这里环境恶劣，地面上每天都在进行大规模的战斗，无数的炮弹砸下来，将荒无人烟的地面炸得千疮百孔、满目疮痍。同船而来的战友们，每天都有战死沙场的。冻僵的尸体就放在道路的两侧，远处的路上 24 小时不间断地战火纷飞。战争形势十分险恶，路易·艾黎和同伴们奉命必须在这里坚守到初春时节。

路易·艾黎是团里的通讯员。他的职责就是在半夜爬过一个又一个的炮弹坑，越过打仗的荒野传递信息。从一个通讯站到另一个通讯站的路上，经常一个人影也没有，陪伴他的只有远处震耳欲聋的炮弹爆炸声和空中子弹飞过的呼啸声。一天夜里，路易·艾黎和同伴戴维进行例行工作。他们奉命背着炊具和枪支，远远地跟在队伍后面。敌人在远处的角落里朝他们不停地射击，有个士兵倒下了，没有动，也没有挣扎。艾黎以为他已经死掉了，于是继续赶路。戴维停下了脚步，他拉住路易说：“他还没有死，我们得救他。”这时敌军正在用机枪扫射，可戴维希望他们一起把这个说不定还活着的士兵拖回去救治，路易·艾黎有点不愿意，这太累了。戴维说：“战死在这里的人太多了，我们很容易变得麻木。来，你拖那个肩膀，我拖这边，我们把他救出去。”他们拖着那位士兵走过了危险的战壕，刚一离开，一颗炮弹就落在了那位士兵刚刚躺过的地方，太险了！急救室的人说：“他还能活，没问题。”戴维的做法给路易·艾黎上了一课：生命才是最重要的，没有比生命更重要的东西了。戴维并不是一个模范士兵，也没有获得过什么功勋，但是他在战场上遇到危险，会毫不顾忌个人安危，挽救他人生命，这令路易·艾黎由衷地敬佩。

1918年8月，路易·艾黎所在的部队加入了联合大部队，奉命向法国农村地区进军。部队先后攻占了阿违纳城和巴波姆城，同盟国的军队节节败退，胜利的局面已经基本锁定。德国军队不断后撤，但是依旧很顽强，联合大部队的每一次进攻都要付出很高的代价。巴波姆火车站附近的巷战尤为惨烈：路易·艾黎所在的营就驻守在铁轨旁边，德军的机枪一刻不停地朝铁轨前方扫射，很多侦察兵都受了伤，战况极其惨烈。敌军设置的防御工事上布满了带刺的铁丝网和钢筋石块，并在中间部署了很多机枪，对着联合部队的方向扫射。路易所在的连队内有 150 人参与了进攻。刚开始是艰难的，毕竟是枪林弹雨，最先冲上去的士兵们大多都当了人肉盾牌。但这就是战争，没有什么更好的办法了，士兵们只能踏着前面战友的尸体继续向前冲。万幸的是，协约国最终取得了胜利，得到了所需的情报。路易·艾黎也因为表现突出而获得了军功章。

这次战争后，部队继续向康布雷移动，山谷里有不少德军的坦克、狙击兵在战壕里向他们射击。这时候，连队的长官过来了，他命令路易·艾黎跟他一起去附近的马道，那里也有很多敌人要去解决。路易站起身子，正准备向前走，突然，对面坦克射过来的子弹打中了他。子弹斜着穿入他的大腿，从他的臀部穿过，接着从身体另一侧的脊椎旁飞出，战友们赶快将他拖走，安置在了路边的马粪坑里。路易 · 艾黎在回忆录中写道：“那是一次极其惊险的经历。”他躺在马粪坑里，仿佛是一个死人。炮火从四面八方砸来，轰塌了战壕的一侧，尘土、树枝和马粪被炸飞，然后砸在他的身上。万幸的是，他的头还露在外面，还可以活动。战友们准备给他做简易包扎，但德国人又返回来了，他们不得不丢下他迅速离开。很多伤兵都被敌人的炮火打死了，路易是幸运的，他活了下来。

路易 · 艾黎在马粪坑里待了一整夜。第二天早上，协约国军队的援军来了，德军开始败退，他得救了。医疗队的人把他挖了出来，他被抬上了一副担架，恢复了一些神智。他被抬到了一个包扎站，包扎站设在地下的掩体里，那里停满了伤员，很多后来的伤员只能被放在外面。德国军队开始放毒气弹，很多躺在外面的伤员中了毒气，最终没能活下来。

1918 年 11 月，欧洲历史上破坏性最强的战争之一——第一次世界大战终于结束了。世界各地参战的军人达到了 6500 万，其中 1/6 的人失去了生命，1/3 的人受了伤。停战条约终于签订了，路易 · 艾黎和同伴们都跑去伦敦庆祝，空气中弥漫着喜悦的气氛。恐怖和杀戮的日子已经结束了，新的生活会是什么样子的呢？人们有期待，有恐惧，但更多的是希望。两年的战争经历折磨得路易 · 艾黎心力交瘁，他厌恶打打杀杀，但他又舍不得军中的战友们。路易 · 艾黎的伤势渐渐好转，恢复了健康。回乡的路途风平浪静，船上有很多战士跟他一样都正在养伤，整个旅途非常愉快。离家参战的日子仅仅过去了 17 个月，但之前在家乡闲暇的生活仿佛已经是上辈子的事了。

回乡之后，路易·艾黎花光自己所有的积蓄和父兄资助的钱财，与老同学杰克·史蒂文斯合伙买下了莫瓦蒂亚河谷的 8 平方千米土地，建立了塔拉纳基牧场。路易·艾黎重操旧业，开始拓荒筹办牧场。牧场的维护需要大量的人力物力，路易和同伴杰克辛苦地劳动，有时候一天要干十几个小时的活。他们垦荒、种菜、赶牲畜、挤牛奶，经常一天下来汗流浃背。牧场里有上千只羊和上百头牛，每年剪羊毛的时节总是格外忙碌。最忙的时候，一天只能睡几个小时。牧场很大，周围是一片荒无人烟的荒地，加上每天有数不尽的活要干，所以他十分充实，也十分孤独。路易·艾黎就在这样的环境中待了六年，这是孤寂的六年，也是奋斗的六年，路易·艾黎和同伴杰克见证了牧场里羊毛的价格从 29 分下降到 5 分，又逐渐提高到 15 分。

第一次世界大战后，资本主义世界的经济危机席卷全球，许多国家出现了不同程度的失业潮。而待在莫瓦蒂亚的路易·艾黎，并没有受到多大的影响。垦荒的日子给了他笑对困境的勇气。它驱散了战争的阴霾和创伤，使路易变得坚定踏实，并享受朴素、简单的生活。劳动之余，路易也会思索一些事情：战争的原因是什么？人民为什么会被鼓动去打仗？人们为什么打仗？战争是野蛮残酷的，战争年代总会发生一些令人难忘的事件，总有一些勇敢的人会为正义、和平和理想献身。他们在历史的潮流中永远不会被人遗忘。

03 在上海成为马克思主义者

路易·艾黎第一次接触到中国人是在第一次世界大战期间。路易·艾黎在幼年时期也曾在新西兰当地看到许多华人。记忆中的华人身材瘦小，他们身处异国他乡，语言不通，与人交流困难。很多人是奔着淘金的名头来的，也有人在当地做起了小生意，卖煤或是贩菜，生活得并不容易。19 世纪末至 20 世纪初期，中国社会正处于水深火热之中，国内的艰苦条件迫使许多人背井离乡。最初来到新西兰讨生活的中国移民们几乎都是广东人。新西兰境内发现黄金，是在 19 世纪 60 年代以后，淘金热由此兴起。开采黄金需要大量人力物力，谁都想要去碰碰运气。但是到 1867 年之后，矿山的产值衰退，经济开始衰落，失业率上升，淘金行业也终于不热了。

1918 年 3 月，路易·艾黎所在的部队被派往伊普尔执行任务。那时部队的战力薄弱，没有后备力量，武器装备也贫乏。因兵力不足，阵地前沿有一段路程缺少守卫，当地的中国劳工队被匆忙地武装起来，派去镇守那里。3 月下旬到 4 月初的半个月内，德军的进攻十分频繁，但中国劳工队守住了那块地方，这让路易印象深刻。

1919 年，路易·艾黎所在的队伍在从索姆河下游撤退时，看到了正准备执行任务的中国劳工队。大部分队员是来自山东的农民，他们身材高大，穿着蓝色的劳工服，头上戴着皮帽。那天晚上，路易·艾黎和一位朋友外出闲逛，走进了一家酒店，碰到了两位中国劳工。他们用法语结结巴巴地交谈起来，要了些法式烤面包和啤酒一起分着吃，最后双方都争着付钱。

在塔拉纳基牧场的最后一年，路易对中国了解得越来越多。各种周刊上经常刊登中国兄弟们的新闻，由国民党军队和共产党军队组成的国民革命军从广州出发，一路北上向武汉进军，与西方列强支持的北方军阀势力进行抵抗。1927 年 9 月 9 日，毛泽东领导的秋收起义爆发。9 月 11 日，国民党宁、汉、沪三方代表在上海举行谈话会。9 月底，新西兰报纸上的文章对这些发生在中国的大事议论纷纷，中国引起了全世界的注意。路易·艾黎做出了人生中最重要的决定——他要到中国去看一看。

为了攒足去中国的费用，路易在朋友的介绍下，在澳大利亚的一家化肥厂工作了一段时间。在赚了足够的费用之后，于1927年搭乘“卡卢鲁”号轮船抵达了香港。一番辗转之后，他终于到了上海。当时的中国正处于社会动荡时期，上海已经出现过三次工人起义运动。周恩来亲自领导了上海的第三次工人起义并取得了进展。1927年4月12日，蒋介石撕毁国共合作的协定，发动了震惊世界的“四·一二政变”，成千上万的共产党人和工人运动领袖被逮捕、被拷打、被枪杀，上海笼罩在一片白色恐怖的阴云之中。

上海当时有许多来自外国的军队，一个外国人要在上海找一份轻松体面的工作，还是比较容易的。路易·艾黎带着一位朋友给他写的介绍信去找上海的一位酒商。那个人给他介绍了一份工作：在虹口救火会当消防员。从第二天早上开始，路易·艾黎就成了消防处的一个小头头，负责一些例行公事。

刚开始的时候，路易·艾黎并不打算在上海待上很长的时间，但是他逐渐被这个城市吸引了。上海是中国新旧文化交替的前沿阵地，这座城市的贫富差距之大让人惊讶。主干道上的建筑宏伟漂亮，外国租界里的工厂建得高大又阔气，然而普通百姓居住的地方却狭窄拥挤，臭气熏天，城市的角落有太多的乞丐,里弄里拥挤排列的竹竿上挂满了破衣烂衫。

路易·艾黎每日生活的地方，有着豪华的俱乐部，出入有不少打扮时髦的小姐们，播放着最流行的爵士乐。路易·艾黎花了大量的时间去学习中文和上海话，尝试着去了解普通百姓的生活。不久后，他想要回新西兰的想法逐渐烟消云散了。

1932 年，上海公租界的工业科成立了，路易·艾黎被任命为工厂督察长。因职位原因，他见识到了很多不平等的现象。缫丝厂招聘了大量的童工，为了生存，他们在八九岁的年纪就要去干活。很多孩子们不仅要承受每天 12 个小时的巨大工作量，还要忍受饥饿和折磨。工头们经常拿着鞭子惩罚工作失误的孩子们。上海的天气湿热，车间里十分闷热，路易·艾黎经常是待上几分钟就汗流浃背，更别提那些劳作的孩子们的辛苦了。工厂里的安全设施很差，经常发生事故。许多工人因为太过劳累，一不小心就被机床切断了手指。橡胶厂的气罐密封性不好，高温天气下很容易爆炸。据路易·艾黎回忆，1933 年他曾见识过一次大规模的硫化器械爆炸事件，工厂里将近 500 名女工都受到了伤害。工厂里的孩子们经常带伤干活，营养不良使得他们全身浮肿，双目呆滞，牙床出血。有的孩子患了蜀黍红斑，头上结满了疮疤却没钱医治。

闲暇时间，路易·艾黎喜欢和朋友们在中国各地游历。他们的足迹遍布大江南北，发现贫穷和压迫是当时中国的普遍现象。同工人们一样，旧中国的农民们也遭受着极大的剥削，他们一无所有，生活艰辛。最令路易·艾黎震惊的一次经历，源于他在无锡看到的处决事件。3 月的太湖是赏梅的好去处，在游览完返回火车站的途中，路易·艾黎被眼前的人潮吸引了。很多人突然跑起来，在车站前方的广场上围起来一个大圈。六名青年被捆起来带向圈子中间，一个个被踹倒在地上。一名军官噙着笑，走到了跪着的青年们的身后，依次开枪崩了他们的脑袋。脑浆溅得到处都是，周围的民众们却在拍手叫好，就像看戏一样。第二天，上海的报纸刊登道：“无锡的 6 名匪徒已经被我军处决。”这件事给路易·艾黎留下了深刻的印象，他觉得特别不可思议，就去请教朋友亨利·巴林，问他民众为什么会这样。巴林向他推荐了马克思的《资本论》，路易·艾黎仔细读了一遍，非常认同马克思论无产阶级革命的观点。自此以后，路易·艾黎成了一个马克思主义者。

04

对中国革命的伟大贡献

1937 年 7 月，日本侵略者挑起全面侵华战争的“卢沟桥事变”发生，中国境内紧张的局势一直蔓延到长江以南。

1938年淞沪抗战以后，上海很多地方都成了一片废墟，局势持续恶化。日本人杀害平民，炸毁工厂，成千上万的中国难民流离失所。这一切都让目击者路易·艾黎感到心寒。上海的局势在恶化，中国的局势也在恶化，日本人在中国肆意地烧杀掳掠让路易越来越感到义愤。于是，路易和朋友们组织了工业合作社运动，鼓励工业合作社在可能的条件下，组织生产，努力供应战争时期中国的民用和军需，为中国抗日战争做出了重要贡献。

1938年4月，上海第一个工业合作社促进委员会成立。逃到后方的难民被组织起来进行生产，并发动“工合”运动。这一运动得到宋庆龄、周恩来和当时美国驻华大使阿奇博尔德·克拉克·卡尔的支持和鼓励。

路易·艾黎第一次和周恩来见面是在武汉的东湖寓所。他组织的工业合作社运动，得到了周恩来和八路军办事处人员的称赞和支持。周恩来鼓励他寻找更多的抗日派人士，吸引有威望的爱国主义人士参加“工合”运动。

美国驻华大使卡尔写了介绍函，将工业合作的计划介绍给蒋介石、宋美龄及行政院副院长兼财政部部长孔祥熙。蒋介石的顾问端纳看到这个计划也表示赞成，国民政府行政院拨款5万元，作为推广“工合”的经费。

1938年7月，路易·艾黎被任命为行政院的技术顾问，代理“工合”总干事。他迅速集合了一批有才干的年轻人，在汉口建立起机构，并着手实施将武汉的企业迁往西北。申新四厂最终迁到宝鸡，而许多小厂的设备被集中在宝鸡的蔡家坡，并很快在宝鸡建立起中国“工合”的第一个地区办事处——西北办事处。“工合”在宝鸡发起运动的时候，七名铁匠组建了第一家合作社，利用迁往内地的一些设备开始生产。两个星期之后，又有十多个合作社相继组建。三个月后，生产鞋、食品、棉纱、毛毯、毛巾等生活品和军需品的合作社一应俱全。路易·艾黎在宝鸡的西北办事处亲自指导工作。

1939 年 1 月，路易·艾黎从东南地区辗转到重庆，准备对西北地区的工业合作社运动进行视察。此时武汉已经沦陷，国民党政府一度准备从重庆撤离，工业合作社的办事处也设在那里。在重庆八路军办事处领导王炳南的安排下，路易·艾黎跟着一个印度治疗队的车队前往延安。三个星期之后，他们进入延安边区。暮色将至，车队行驶到了一个长满灌木的山谷中，一路上大家的情绪都很高。两个小时后，他们到延安了，陕甘宁边区的代表们为他们召开了欢庆会，欢迎他们的到来。在延安，路易·艾黎与来自加拿大的外科医生诺尔曼·白求恩成了好朋友。白求恩在 1938 年的春天来到延安，他已经适应了八路军的生活，并且对自己的工作充满了热情。边区医疗资源缺乏，受伤的人又很多，白求恩每天都很忙碌，经常有人在大晚上提着纸灯笼来找他看急诊，他已经习惯了这种忙碌的生活。来自印度的医生们在延安工作了大约一年便回去了，印度当时是英国的殖民地，与中国一样，正遭受着英帝国主义的残酷剥削。

接下来的日子，路易·艾黎在延安开展起组织工业合作社的工作。中共中央和边区政府对他的工作表示支持，边区政府还下令开挖一个五孔的窑洞，作为他的办公地点。之后毛泽东会见了路易·艾黎，并与之进行了一次长谈，他详细地了解了路易发展工业合作社的计划，并表现出了极大的兴趣。路易来到中国已经近十年，他不仅会说上海话，也学会了南方话，中文说得十分流利。会见的地点是在城里的一所民居里，当时他正在同朱德和部队的其他司令员们谈话，毛泽东忽然走了进来。路易·艾黎知道毛泽东是南方人，于是就用夹杂着一些南方口音的上海话和毛泽东交流。据路易回忆，毛泽东非常善于倾听别人讲话，并且总是启发别人多讲一些东西。这次重要的交流也使路易·艾黎受益匪浅。

1939 年 3 月，路易·艾黎从宝鸡“工合”西北办事处来到凤县，成立 " 工合 " 双石铺事务所。他在柏家坪山根下，打了两孔窑洞住下，领导当地的“工合”运动。先后建立机器、造纸、制革、纺织、供销等 17 个合作社，还在嘉陵江边安装水力发电机，使双石铺街市首次使用上了电灯照明。之后，又在双石铺建立“工合”小学及附属幼稚园、招待所、黄牛铺通讯处和“工合”医院。同年 5 月，国民党财政部部长孔祥熙从重庆发来命令，要求他停止组织合作社的工作。

1939 年底，路易 · 艾黎回到了延安，同主管经济事务的曹菊如和林伯渠住在一起。抗日战争彼时正进行得如火如荼，粮食缺乏，物资十分珍贵。林伯渠送给路易 · 艾黎一袋面粉，这在当时是十分珍贵的礼物，也代表了不一般的器重，这份珍贵的同志情谊让路易 · 艾黎十分感动，也使他在延安期间偶尔能吃上一顿白面做的烙饼。日本人对边区实行经济封锁，为了打破封锁，边区政府积极发展农业和工业。在边区政府的努力下，第二届工农业展览会如期召开，很多领导人都去参观了展览。路易 · 艾黎的工业合作社展出了 100 多件产品，获得了很多赞赏。

一个大雪纷飞的夜晚，路易 · 艾黎被叫去同毛泽东谈话，这是他第三次见到毛泽东。毛泽东住在山谷后边的一孔窑洞里，他身材高大，气息沉稳。低矮的窑洞、昏黄的灯光和身上破旧的棉袄掩盖不了他的伟人气质。毛泽东用平静的语调同路易交谈，对他已经取得的成绩表示了鼓励和赞赏。八路军目前物资缺乏，他希望路易 · 艾黎能够多做一些努力，为晋西北地区正在指挥游击队的贺龙提供物资。路易 · 艾黎感到自己身上的责任十分重大，也感受到了革命的力量，这股力量似乎来自成千上万的人民和工人,在这股力量的支持下,中国革命必将取得胜利。

1938 年工业合作社刚办起来的时候，路易·艾黎就意识到了对工人们进行各种技术培训的必要性。随着合作社规模的不断扩大，办学校的事逐渐被提上了日程。从 1940 年起，路易·艾黎开始在东南地区、西北地区和四川等地试着创办培黎学校。“黎”即黎明，“培”是“培育”之意。“培黎”就是为了黎明而培育，它包含了路易·艾黎太多的期许。工厂里熟练的工人有很多，但是掌握技术的人却很少。大多数工人都只是日复一日地干着体力活，赚钱养家糊口。路易·艾黎意识到，必须设立一套培养机制，培养出更多合作社需要的领导人来。领导人应该受到多方面的教育，学到更多的理论知识，才能更好地投身实践，提高工作质量。只有让这些具有工业领导力的人深入中国各地，工业合作社才能得到更广泛的发展。

第一所培黎学校的地址选在江西的赣县，但只办了 6 个月。由于国民党官员管制太严，他们解散了学校。1939 年，路易·艾黎从延安回来之后，根据共产党朋友们的建议，决心在中国西北地区的革命根据地继续办学。刚开始学校只有十几名学生和一名教师，条件十分艰苦。但路易·艾黎始终坚信：能改变人命运的只有知识和技术，什么都不会的人，终将难以谋生。世界范围内的反法西斯斗争正进行得轰轰烈烈，中国的抗日战争是其中不可缺少的一部分，人民军队需要更多的人才，因此他要努力培育出更多的人才。政局不稳，战火纷飞，培黎学校也被迫不断迁移，最终他们在甘肃省这块丝绸之路上的绿洲——山丹县办起了学校。此后很长的一段时间，路易·艾黎经常为办学跑东跑西，几乎从不休息。西北地区的风沙严重，到处都是断壁残垣。初到山丹时，学校借用的场地的很多门窗都被卸掉了，地面也坑坑洼洼。在路易·艾黎的努力下，学校的面貌迅速改变，一切都在按照计划进行。路易的朋友乔治·柯克非常支持他的工作，同路易·艾黎一样，他几乎为山丹学校奉献出了自己的一切。培黎学校的办学宗旨是：手脑并用、创造分析、理论联系实际。一大批贫困的农民子弟在这里学到了知识和技术。毫不夸张地说，路易·艾黎为新中国培养出了一批吃苦耐劳、脚踏实地的技术人才。路易·艾黎在山丹一待就是九年，他与当地的百姓同吃同住，直到 1953 年才回到北京。就在这一年，学校也迁至兰州市安宁区，更名为兰州培黎石油学校。

1958 年，世界和平会议在瑞典斯德哥尔摩召开，路易·艾黎与美国记者安娜·路易斯·斯特朗在会后一同回到了北京。此时的路易·艾黎在中国人民对外友好协会工作，并和安娜成了好朋友。路易·艾黎热爱新中国，并向世界各国宣传新中国的成就，受到了毛泽东、周恩来、邓小平、宋庆龄等多位国家领导人的尊敬和赞赏。新中国成立后的近 10 年间，路易·艾黎去了中国的许多地方，也对中国的变化感到发自内心的喜悦。战争的阴影早已消散，他游览美丽的山水，享受这来之不易的和平与安宁。人们的工作越做越好，生活也越来越有奔头，这让路易·艾黎感到了幸福与力量。时光飞逝，路易·艾黎从 1927 年到中国，就把他的全部心力贡献给了中国革命。他在北京有一个舒适的家，在那里度过了他安静的晚年生活。中国正在一步步地变好变强，这令他兴奋、欣慰，更令他自豪，因为这里面也有他的努力。

20 世纪 80 年代，已过 80 岁的路易·艾黎的身体状况变得越来越差。不时发作的心脏病危害着他的身体健康，他只能一次又一次的接受手术医疗。但身体状况不佳也打消不了他为建设新中国努力工作的热情。对于他青年时期所待过的西北偏远地区，他一手建立的培黎学校，以及中国建设中的工地，甚至是发生了地震和水旱灾害的地方，他都坚持每年出访。每次工作归来，路易·艾黎总会把自己发现的问题汇集成材料，写成调查报告，并附上自己的意见和建议，递交给有关部门。路易·艾黎十分关注中国的发展，担心中国会走弯路。他最早关注到了中国南方地区的乱砍滥伐和水旱灾害，并立即向中共中央反映，倡导植树造林，保护生态，以免造成重大的经济损失。

改革开放以来，整个社会的思潮发生了重大的变化。路易·艾黎开始牵挂另一个主要问题——社会上青少年的价值观教育问题。他曾经在培黎学校建校 40 周年的大会上，讲过这样一段话：“一名今日的中国青年，远比世界上任何其他地方的青年更优越。因为没有哪个地方有过如此多的挑战，如此规模宏大的工程，也没有哪个地方的个人创造性和集体力量是如此重要。”路易·艾黎对学生们说，一个人想要成为伟大的人，必须不断地努力锻炼自己，努力积累知识、积累经验，提升自我认知与观念，学会与他人合作，并且在取得巨大的成就后应该像周恩来那样继续保持谦虚谨慎的态度。一个伟大的人物应该不骄不躁，实事求是，有涵养并且胸怀坦荡，那些攀龙附凤，靠耍政治阴谋取得事业成功的人，并非真正的成功。

05

中新两国的骄傲

自新中国成立以来，路易·艾黎就一直从事着写作。路易·艾黎喜欢亲自调查了解各地的状况，以掌握最真实的资料，通过与旧时中国社会的对比，客观地宣传社会主义建设所取得的成就。由于长期浸淫在中国文化之中，路易·艾黎在工作之余创作了大量的诗文，并将很多中国古诗和现代诗歌中的优秀篇目翻译成英文，让世界各地更多的人了解中华文化。经他翻译和写作的各类著作有 66 本之多，他还将自己这一生的经历写成了《路易·艾黎自传》。

路易·艾黎一生没有结婚，他将大多数的精力投入到了工作之中，为新中国的成立和建设做出了巨大的贡献。年轻时候的路易·艾黎认为：革命运动需要一个人奉献出全部的生命，有了家室就会受到影响。如果结婚生子，家人也要承担革命事业带来的风险，他自己会在内心感到愧疚，因此路易选择了独身生活。也有不少来自不同国家的女子为路易·艾黎的品德和才华所吸引，但最终只是成了他一生的好朋友。

虽然没有建立家庭，但是路易·艾黎的生活却不是孤单的，他不是一个人。19 世纪 20 年代，路易·艾黎在湖北洪湖和内蒙古的救灾工作中收养了失去父母的孤儿阿兰和迈克，并将他们抚养成人，培育成了抗日战士，为抗日战争做出了巨大的贡献。19 世纪 40 年代，与路易·艾黎同在甘肃省山丹县培黎学校工作的朋友乔治·柯克不幸病逝，路易·艾黎帮他继续抚养了家里的四兄弟。新中国成立之后，路易·艾黎又将革命烈士邓中夏的侄儿邓邦镇抚养成人，助他完成了美术学业并成家立业。不仅如此，培黎学校培养出来的上百名学生早已成为祖国的栋梁之材，他们奔向祖国的四面八方，在工作上取得了很大的成就，这让路易·艾黎感到十分的欣慰。路易·艾黎所抚养的这些孩子和后来他们的妻子儿女们，都成了路易·艾黎在中国的家人，为晚年独身生活的路易·艾黎带来了家庭的温暖与快乐。

1952 年，亚洲及太平洋区域和平会议在北京召开。在会上，路易·艾黎被选举为亚洲及太平洋区域和平联络委员会委员。此后，路易·艾黎多次参加国际性的和平会议。1961 年至 1965 年的 5 年间，路易·艾黎每年都出席了日本禁止原子弹、氢弹世界大会。1960 年、1965 年和 1967 年，路易·艾黎曾三次返回新西兰探亲，并宣传中国文化。1973 年，他出访了澳大利亚，并在多地做报告介绍中国。此外，路易·艾黎还去过古巴、越南、朝鲜、蒙古等国进行访问。1983 年，中国工业合作协会恢复了运作，路易·艾黎担任了名誉顾问。到 1987 年，中断了 35 年的工业合作国际委员会也恢复了，路易·艾黎成为工合国际委员会的主席，亲自领导工业合作国际委员会的日常工作。

路易·艾黎的一生是无私奉献的一生，也是脚踏实地的一生。他不仅是诗人、作家、社会活动家，还是教育家、考古学家、历史学家，更重要的是，他被誉为是中国和新西兰关系的架桥人。无论身处顺境还是逆境，路易·艾黎总能不悲不喜，泰然处事，他为中国人民的独立和建设事业所做出的贡献都是发自内心，不求任何回报，并且他在这种奉献中得到了精神上的极大满足。很多青年人都会问路易·艾黎:“你为什么要留在中国?”路易·艾黎回答道，中国给了他生活的目标，中国有值得他为之奋斗终生的事业，也使他的人生历程日益丰富。能够在中国千百万人民的革命队伍中有自己的位置，他感到十分满足，他觉得没有什么比这更重要了。在很多人看来，路易·艾黎不仅仅是一个理想主义者，多年来他做出了很多重大的个人牺牲，承受了很多政治压力和来自各方的误解。在革命事业中，他四处奔走，几次险些丧命。因此他更是一个理想主义的践行者，是个实干家。

1977 年 12 月，邓小平在路易·艾黎 80 岁的生日宴会上称赞他是中国人民的老战士、老朋友、老战友。邓小平说道:“为中国革命事业尽力的国际朋友有千千万万，像艾黎同志那样五十年如一日在我们艰难困苦的时期，在我们创业的时期，在我们胜利以后，始终如一地为中国人民做了大量的工作，这是不容易的，所以他受到中国人民理所当然的尊敬。”邓小平的话也代表了中国政府和中国人民对路易·艾黎在中国几十年的成就的崇高评价。

惠灵顿维多利亚大学曾授予路易·艾黎文学荣誉博士学

位。路易·艾黎85岁寿辰的时候，被授予“北京市荣誉市民”。在他88岁寿辰时，甘肃省政府授予他“甘肃省荣誉公民”，新西兰政府也授予他“女王社会服务勋章”。路易·艾黎在有生之年不遗余力地推动中国和新西兰的建交及友好交往，他是当之无愧的中新交流的桥梁，他博大的爱心和人道主义精神，也是两国共同的骄傲和自豪。1987年12月27日，路易·艾黎在北京逝世，享年90岁，他被称为“中国的十大国际友人”之一。中国和新西兰的人民永远都不会忘记他。

Chapter 05

中国人民的老朋友

——詹姆斯·贝特兰

詹姆斯·贝特兰
中国人民的老朋友

詹姆斯·贝特兰（James Bertram，1910—1993），新西兰著名记者和罗德奖学金学者，反法西斯主义者。出生于新西兰奥克兰，毕业于英国牛津大学，后来又在奥克兰大学取得文学硕士学位，多年在伦敦《泰晤士报》担任记者。1936年，贝特兰作为罗德奖学金的访问学者进入北平燕京大学学习，在此期间受到中国抗日运动的影响。1936年12月，西安事变后，他前往西安采访了张学良和杨虎城，并用英语向外界如实报道事件经过，打破了蒋介石的新闻封锁。抗日战争初期，贝特兰受邀前往延安访问毛泽东，随即又随抗战小分队在华北战线前沿地区采访，并做出了客观、真实的报道，中国人民抗日战争也因此争取到了国际上的支持与帮助。1938年2月，贝特兰帮助宋庆龄筹建保卫中国同盟；同年夏天，帮助护送卡车及医用物资到延安。1940年，在《保盟通讯》上发表数篇战地报告和文章。香港沦陷后，贝特兰被囚于香港和日本的战俘营4年，其间受到残酷折磨。詹姆斯·贝特兰为了中国革命和反法西斯战争的胜利，不顾个人安危，与中国人民站在同一抗战阵线上。他是一个忠于事实真相的记者，一个具有真诚信仰的反法西斯国际主义战士。其主要著作有：《中国的危机》《华北前线》《战争的阴影》《在中国的岁月》等。

01

始于中国的记者生涯

从新西兰首都惠灵顿出发，开车向北行驶 16 千米，就可以到达奥克兰哈特镇的一个风景如画的小村庄。老年的詹姆斯·贝特兰就居住在这里，他在哈特镇的这个小村庄里为自己盖了一个“杜甫草堂”——中国风格的书斋。环顾四周，书房四壁的书架上摆满了五颜六色的中国画和各式各样的古文书籍，其中有很多是中国出版的，也夹杂有很多外文书籍，密密麻麻地摆满了整个书桌，十分引人注目。如此多的收藏罗列在书斋里，完全能够看出主人是一位勤奋好学又博学多才的人。

相信许多人对于詹姆斯·贝特兰这个名字并不陌生，这位 1910 年出生于新西兰奥克兰的《泰晤士报》记者，在抗日战争时期，不远万里来到中国，多次访问毛泽东，发表过《华北前线》《战争的阴影》《中国的危机》等著作。他一生都热爱写作，是世界闻名的记者。而他的记者生涯，与中国密不可分。

故事要从中国历史名城——西安说起。当 1931 年 9 月

18日震惊世界的“九·一八事变”发生后，日本帝国主义步步紧逼，妄图尽快灭亡中国。面对日本军队的侵略和进攻，国民党领导人蒋介石采取了退让政策，引起国民党军队内部众多爱国将领的不满。于是，1936年12月12日，逼迫蒋介石抗日的“西安事变”发生了。也就是那一年，26岁的詹姆斯·贝特兰获得了罗德远东旅行奖学金，被派到中国，在燕京大学攻读中文课程，同时研究和报道中国的政治现状。在燕京大学的学习中，他认识了黄华、张兆林等学生运动的领袖，并和斯诺夫妇成为好朋友，与他们一起参加中国学生组织的各种抗日爱国游行示威活动。12月12日早上，学生们再一次上街游行，并在北京景山召开了群众大会，现场气氛十分热烈。对于日军侵占中国山东青岛的暴行，群众都十分愤怒。活动期间詹姆斯·贝特兰协助斯诺夫妇，拍摄了许多国民党政府警察殴打和驱赶学生、阻挠和破坏学生运动的照片。

作为英国《每日先驱报》的记者，詹姆斯·贝特兰向世界如实地报道了西安事变的经过，并将张学良、杨虎城两位将军要求蒋介石抗日的八项主张和中国共产党为解决西安事变所做出的努力进行如实报道，引起了国际社会的关注和重视。

西安事变的当天傍晚，消息陆续传到了北京，各种各样的说法纷至沓来。有消息称蒋介石生死不明，也有传言说他已经被东北军杀了，更有小道消息说蒋介石被红军俘虏了。接着，国内外的各种电台对张学良和杨虎城二人的责骂声不断。国内各种重要的报刊上充斥着讨伐张学良、杨虎城的说辞，事实真相到底是什么谁也不知道。詹姆斯·贝特兰觉得，弄清真相是当下最刻不容缓的事情，于是他毅然地接受了斯诺夫妇的委托，以伦敦《每日先驱报》记者的身份，去西安采访张学良和杨虎城二位将军。

战局不稳，人心动荡。历经千难万苦，詹姆斯·贝特兰和同伴史沫特莱辗转各地，最终到达了陕西省韩城。在从韩城向合阳行进的途中，他们有幸搭上了杨虎城西北军的卡车，最终在12月27日晚上到达了西安。

1936年12月28日，在应德田、孙铭九和苗剑秋的陪同下，贝特兰和史沫特莱对蒋介石在骊山被俘虏的地点和居住的华清池进行了详细地查看。返回西京招待所之后，他立即根据自己所见所闻，写了一篇报道，对张学良、杨虎城捉拿蒋介石的情形进行了详细描述。

于是，对形势的官方看法往往比个人的看法更为重要。詹姆斯·贝特兰一来到西安，就想方设法地对杨虎城进行采访。在采访中，他询问了杨虎城许多问题：西安事变的意义和目的；西安事变的民主主义主要体现在哪些方面；中国能够强大到与日本对抗吗；为什么要释放蒋介石等。杨虎城一一做了回答。詹姆斯·贝特兰和同伴都意识到这次采访的重要性，便立即将采访的内容用电报发出，让全世界知晓西安事变的真实过程。贝特兰和朋友们还用法、英、俄、德四种语言向世界各地播报西安事变的真相，引起国际社会广泛关注。

每当年迈的詹姆斯·贝特兰回忆起西安事变，他总会说："我的记者生涯是同中国革命紧紧连在一起的"。西安事变以后，他风尘仆仆地走遍了中国的大江南北，活跃在抗日的最前线和抗日部队的驻地，向世界人民报道着中国人民抗日战争的实际情况。

02

难忘的抗战岁月

随着西安事变的结束，詹姆斯·贝特兰也在北京度过了他来中国的第一年。中国面临的政治危机仍然十分尖锐。通过此次采访，贝特兰接触了大批中国各个阶层的人们，从最底层的劳动者到手握重兵、发号施令的最高层长官们。他看到中国抗战的意识是全民性的，全中国的人，从贩夫走卒到达官贵人，都迫切地想要把日本侵略者赶出去。贝特兰在回忆录中写道：他见证了全民族抗战精神的诞生。

除了野心勃勃、贪得无厌的侵略者们，没有人是发自内心喜欢战争的。对于战争，无论再怎么轻描淡写、粉饰太平，伤痛和死亡总会存在。大街小巷里总能看见无家可归的人，到处是乱哄哄的。这绝对不是他想要看到的，因为老百姓都是无辜的。贝特兰在心底发誓，如果可以，他一定要阻止这一切。

1937 年 7 月 28 日，日军向北平南苑等地的中国驻军发起攻击。在北平南苑，29 路军士兵拿着简单的武器，同许多志愿抗敌的学生军一起，拼尽自己最后一滴血，冒着日本空军的炸弹和炮兵的炮火，死死守卫他们想要保护的土地，宁愿战死也绝不低头。被日本机枪扫射而死的人不计其数，无数无辜的人失去了自己的生命。詹姆斯 · 贝特兰是外国人，同埃德加 · 斯诺一样，他们可以得到使馆的保护。战争的第二天，他们去战场时，看到地上满是尸体。贝特兰说，那是他有生以来第一次如此近距离地感受到战争,太过血腥残酷。日军打进北京后，贝特兰和斯诺站在中国一边，他们不得不选择离开。

1937 年 10 月，27 岁的詹姆斯 · 贝特兰秘密地从西安出发，一路风尘仆仆，踏上了去延安的道路。“卢沟桥事变”

以来，日本对中国的武力进攻不断加剧，全面侵华战争的爆发，也促进了国共统一战线的迅速形成。1937 年，西北红军正式由国民政府改编为八路军，9 月，国民党中央还公布了《中国共产党为公布国共合作宣言》，蒋介石也对此发表了讲话，表示支持国共团结共同抵抗敌人。

共产党组织派了周恩来的夫人邓颖超来接应他们，邓颖超假扮成詹姆斯·贝特兰的秘书，一路帮助他们应对各种风险。她穿着朴素，白色上衣配黑色裤子，脚上是一双蜡染的蓝布鞋。当时邓颖超得了肺结核，本来是要到北京的西山医院治病的，她用了一个假名字，一路上骗过了不少日本的治安检查官。他们计划从天津出发，经海路到达青岛，再乘火车到河北徐州，辗转到延安。战争劳民伤财，黄土高坡上漫山遍野都是风沙，很多地方寸草不生，光秃秃的高地上没有几棵树，周围被炸的坑洞一个挨着一个。山路崎岖颠簸，车无法通行时，他们一行人只能骑着小马驹，吃力地在山沟里来回盘旋。1937 年 10 月初，贝特兰一行人历经艰险，终于到达了延安边区。

长期紧绷的神经终于能放松一下了，长途跋涉了这么多天，身上的每一个关节、每一处肌肉都是酸痛的，詹姆斯·贝特兰和同伴们好好地睡了一觉，第二天早晨才恢复了体力。延安边区在毛泽东等中共领导人的倡导下积极发展教育事业，当天正巧是红军大学的开学典礼。应边区领导人的邀请，贝特兰和朋友们参加了这次会议，并在会议开始之前见到了毛泽东。在詹姆斯·贝特兰的认知中，领导人一般都是刚硬果决、孔武有力的，但是他从来没有想到，毛泽东是如此的谦逊和蔼，没有一点领导人的架子。在与毛泽东交流时，他那种深入浅出分析问题的方式给贝特兰留下了难忘的印象。詹姆斯·贝特兰很想了解毛泽东对于很多问题的看法，比如说：中国共产党的抗战纲领具体有哪些内容？共产党和国民党在抗战方面有什么不同？在有旧日恩怨的情况下，共产党是以什么样的态度和决心与国民党重新展开第二次合作的，能够合作到什么样的程度？在抗日领域，红军有哪些独特的战略战术？毛泽东是一位卓越的领导人，对于这些问题，他回答得既全面又具体。他告诉贝特兰，抗日战争是不能逃避的，共产党和国民党必须要加强统一战线，共同合作，才能将日本人从中国赶出去，这也是对孙中山先生的“三民主义”的真正解读。

全中国范围内的抗日战争进行得如火如荼，而整个中国社会却处于动荡不安中，但是共产党领导下的延安边区是平和安宁的。延安，位于中国西北，并不繁华，物资也十分缺乏，但是却充满了活力。人们的脸上都洋溢着蓬勃的朝气，他们对抗战胜利充满了信心。詹姆斯·贝特兰也认为，延安边区的政治才是真正的最接近于民主政治的形式。边区人民积极自救，面对日本侵略者的经济封锁，他们并没有妥协。以“抗日”为主旨的经济方针和教育方针实践于人民生活中的各个方面，很多有志青年为了共同的理想愿意奉献自己的热血与青春，与他们心中的理想相比，此时的贫困算不了什么。理想和信仰的魅力，就在于它能让你在饿着肚子的时候仍旧不放弃希望。理想是燧石，在中国社会暗无天日之际，它在人们心中碰撞出希望的光芒。夺取抗战胜利的理想，就是借着这火光，让很多在黑夜中行走的人们有勇气摸索继续前行的路。这火光照亮了亿万颗渴求抗战胜利者的心，包括贝特兰在内，所有人都被它点亮，愿意为之奉献一切。中国革命的真正力量，不在上海、南京等大城市里，不在有钱人的手里，而是在田野，在乡村，在贫穷的人手里。物质上的贫乏根本不算什么，因为信仰的力量是无穷的。

在采访朱德总司令时，詹姆斯·贝特兰在山西南部的北丰镇遇见了周恩来。周恩来身材瘦削，但是他的两眼炯炯有神，整个人风度翩翩，儒雅温和。贝特兰注意到，同邓颖超一样，周恩来穿着十分朴素节俭。他的学识渊博，人品更是令人敬佩。周恩来同贝特兰详谈了晋南一带的抗战形势，为了方便贝特兰的工作，周恩来还专门为他找来了一位英文翻译，这让贝特兰十分感动。贝特兰说，共产党是中国真正的抗日力量，是全中国人民的希望，无论是毛泽东还是周恩来的讲话都让他心悦诚服、备受鼓舞。

03

《战争的阴影》

共产党执着的抗战精神打动了詹姆斯·贝特兰，最终，贝特兰也加入了抗日志愿人员服务队，与在香港的宋庆龄共同合作，到英国、菲律宾、美国、新西兰等国家，通过各种渠道筹备医用物资，供应西北解放区战时的需要。贝特兰和朋友们经常冒着生命危险，护送药品通过国民党的封锁区，穿过层层的阻拦和盘查。这期间，他甚至被日本士兵俘虏，过了几年的牢狱生活，但是这些苦难的经历仍未打消他帮助中国共产党取得抗战胜利的决心，反而让他更加坚定了。

香港是个独特的地方，自从 1840 年中国的大门被帝国主义的炮火轰开之后，这座城市就一直处于新旧交替的最前沿。灯红酒绿下奢华的名流宴会，是香港；战火纷飞中落魄的乞丐挤满街头，也是香港。租界内有片刻的祥和，在那里，战争的炮火恍然一梦，更有传教士收养了不少的孤儿，而租界外，仍有不少的儿童在暗无天日的厂房里没日没夜地劳作。

1940年的秋天，世界范围内的反法西斯战争已经进行到了最激烈的阶段。在香港，表面的和平之下是暗潮涌动，每一方势力都想在这个紧要关头为自己多争取些利益。詹姆斯·贝特兰就在这样一个暗流涌动的地方，默默地筹集着医疗物资，每天想方设法为抗日前线多提供一点支持。

中国的抗日战争进入1941年，国共两党之间达成的统一战线早已出现了裂痕。同孙中山先生的遗孀宋庆龄女士一样，詹姆斯·贝特兰坚定地站在共产党这一方。无论贝特兰遇到多大阻碍，仍然积极地开展工作，争取更多的支持者。

被俘虏的经历在詹姆斯·贝特兰的一生中留下了深深的烙印。1941年12月8日，同往常一样阳光明媚，但这天岛上的炮击声异常频繁。煮饭的徐妈像往常一样，颤巍巍地挎着篮子来给贝特兰送饭，人没到，声音倒是先传了进来："贝先生早上好，今天炮声挺大的，你听见了吗？哎呀，贝先生，他们都说日本人的飞机来了，要轰炸香港了，这怎么办才好呀！"她端着咖啡走进来，声音跟尖叫一样。

到了早上7点，贝特兰还没有打开收音机收听广播，这时候电话铃响了，是刚送完咖啡的徐妈打过来的："詹姆斯·贝特兰先生，你得到消息了吗？日本人来轰炸香港了，真的是空袭，飞机场已经被他们炸了！"贝特兰赶快爬上阁楼的窗前，向外望去。果真，很多亮银白色的飞机在香港启德机场的上空盘旋俯冲，炸弹从半空中扔下来，爆炸声此起彼伏，到处是一片火海。贝特兰赶紧给宋庆龄打电话，可这时电话已经接不通了。香港的交通绝大部分都已经瘫痪，空袭的警报声不断，住宅区内居民们的尖叫声一片，突然间仿佛陷入人间地狱。情况在不断地恶化，岛上的整个防务已经崩溃，在晚上来临之前，贝特兰他们决定，必须要撤出香港九龙。

朋友卡洛斯在电车站接应他们，他们爬过一个被炮弹炸出来的坑洞，到了黄泥涌，乱糟糟的城市就在他们身后。来自各国的外国人聚集在了一起，年轻力壮的男人们自发组成了自卫队，詹姆斯·贝特兰也主动报名参加了。自卫队里有一个名为冯奇的英格兰人，他轻轻地叹着气说：“朋友们，我们的时间不多了，他们已经登陆了。”浅水湾和赤柱之间的山脊内有一条小路，日本军队派出的狙击手沿着这条小路，慢慢地渗透过来了。终于，自卫队里有人牺牲了，是个法国人，名叫诺尔曼·法朗斯。他死得很惨，日军的机枪扫射过来，只一瞬间，他的血浆迸了一地，片刻就没有呼吸了。人们别无他法，只能在心里默默地念着悼词，请求上帝的保佑。这就是战争，战争还在继续。日本军队的榴弹炮从周围的山地上投射过来，已经没有时间哀悼，生存还是死亡，就在片刻之间。远处的阳光已经昏黄，白天就要过去了，这是贝特兰平生中最接近战争的一天，生命是如此的脆弱，死亡又如此真实，说没就没了，如果这就是战争的实质，那付出的代价也未免太大了。上一刻身旁的人也许还能和你开个玩笑，可能下一刻他就已经不在人世。

他们一群外国人在悬崖边的阵地上一直驻守到了晚上。这天的太阳早早地下山了，南亚湾与周边岛屿之间的暗影内不见灯光。日军就在对岸，他们大气也不敢出一声。对面的海面上，日军的探照灯不时地扫过来，那光束冰冷又惨白。

突然，灰茫茫的夜被一道火光划破，紧接着是一阵爆炸声，他们被发现了。一阵机枪声传过来，有人在汽车道的旁边大喊道："快点！大家快准备好，要战斗了！"黑暗中充斥了呼喊和咒骂的声音。詹姆斯·贝特兰提起跪得发麻的腿，跌跌撞撞赶紧撤离。借着远处惨白的光，贝特兰看了一下自己腕上的手表，这会儿是凌晨3点。他突然想起来，圣诞节似乎就要到了。白卫队成员们迅速向赤柱堡撤离，可不妙的是，赤柱堡里一片喧喧嚷嚷，糟了，日本军队已经进来了！岩石旁的斜坡上挤满了难民，他们被包围了。

储藏弹药的军火库被点着了，周围炮火冲天，机枪从窗口向外射击，各种声音混杂一片，然后是爆炸声。赤柱堡的防线已经崩溃，香港也沦陷了，外国人组成的自卫队牺牲了很多战友，但他们还是没能成功突围。詹姆斯·贝特兰和他的朋友成了战俘，被日军关押在北角监狱。他没想到，这一关就是漫长的 4 年。监狱里到处都是苍蝇，还很缺水，既拥挤又臭烘烘的。大多数时候，他们是没有东西吃的，情况好的时候，战俘们可以吃到日本人从某个旧粮仓里弄来的发霉大米，也就比没有饭吃强那么一点。

一年过去，战俘营里的人数减少了 1/3，有将近 1000 人被折磨得失去生命。詹姆斯 · 贝特兰好几次试图越狱，但都没有成功。为惩罚他们的出逃，日本人连野菜也不给吃。很多俘虏因营养不良而患上了各种疾病，坏血症、黄疸病层出不穷，死去的人越来越多。死亡的声音就在耳边，终于，它威胁到了贝特兰，他也得了白喉，生命垂危。这是贝特兰人生中最艰苦的阶段，日本人才不会管战俘的死活，该干的重活每天仍然要干，天知道他是怎么扛过这一切的。无边的苦难并没有消磨掉贝特兰的意志，他越来越瘦，却越来越坚定。法西斯的罪恶是不可饶恕的，他一定要活着看到中国的胜利！胜利可能来得特别艰难，但胜利最终属于正义的一方，贝特兰在日本军队的集中营里做了 4 年的俘虏，干了 4 年的苦力活。反法西斯战争最终的胜利，让他重获自由，他所经受的所有苦难都有了意义！

战后，詹姆斯 · 贝特兰于 1946 年返回新西兰，一度担任远东委员会新西兰代表团顾问，并写了《战争的阴影》一书。1947 年初，他担任了新西兰维多利亚大学的英语高级讲师，直到1975年退休之前，他一直在那里工作。做战俘的日子仿佛是恍然如梦，回国后的生活平静得不像是真的。只有亲自经历过炮火的威胁，才能意识到和平的不易。1947年，詹姆斯·贝特兰在奥克兰的乡下与相识15年的青梅竹马简·艾伦·史蒂芬结婚了，婚后他们定居在惠灵顿郊区附近的农庄内，过着恬静安定的生活。夫妻二人都喜欢骑马，妻子打理了一个花园，并在家周围一个几英亩的山坡上种满了灌木。

余生安稳，可是詹姆斯·贝特兰对于中国的思念并没有停止，在中国的经历已经融入了他的血液。虽然他已回到新西兰，但是他支援中国的活动一直没有停止。在夫妇二人的共同努力下，新西兰—中国友好协会成立了，并在之后的几十年中，他们为两国友好关系的发展做出了巨大的贡献。1956年，詹姆斯·贝特兰重访中国的夙愿最终实现了。应中国人民对外友好协会会长楚图南的邀请，詹姆斯·贝特兰跟随着新西兰文化代表团参加了中国的五一庆祝活动，与许多中国老朋友再次聚首。时光流转，当年革命的风风雨雨历历在目，这一切的苦难与辉煌最终在历史长河中成为和平的积淀。

一帶一路

Chapter 06

世界之巅的征服者

——埃德蒙·珀西瓦尔·希拉里

埃德蒙·希拉里
世界之巅的征服者

埃德蒙·珀西瓦尔·希拉里（Edmund Percival Hillary，1919—2008），世界最著名的登山家之一。生于新西兰奥克兰，中学时代开始登山和探险活动。1953 年 5 月 29 日，和同伴丹增·诺尔盖一起由珠穆朗玛峰南侧登顶。后来陆续攀登上了喜马拉雅山脉的 11 座山峰，海拔均在 6000 米以上。1958 年，独自一人成功穿越南极。1977 年，带队驾驶汽艇沿恒河溯流而上，到达其在喜马拉雅山的源头，因此在印度赢得了很高声誉，并改善了新西兰与印度两国的关系。1985 年，受新西兰总理派遣出使印度，在印期间，他搭乘小飞机飞往北极，成为世界上第一个踏遍“三极”（到达南极、北极，登上世界最高峰）的人。埃德蒙·希拉里是世界上第一位登上珠峰山顶的人，是 20 世纪最伟大的探险家之一。

01

从“自卑男孩”到“征服珠峰第一人”

1919 年 7 月 20 日，埃德蒙·希拉里出生于新西兰奥克兰的一户平常人家，母亲是一名教师，父亲是一位职业养蜂人。幼时的希拉里是个内向的男孩，看书和发呆是他最喜欢做的事，对于运动则没多少兴趣，甚至还因自己动作不协调而自卑。

中学的一天午后，阳光极其明媚，照得在树下看书的小希拉里眼睛发酸。远处有个高个子男孩正朝他走过来：“嗨，小呆子，又在看你的《奇妙人物历险记》呢？看了好几遍了，你也不嫌烦？”小希拉里嗫嚅着，想说什么却没有说出来。“好了好了，瞧你那娘娘腔的样子，我又没有说你什么，干吗一副受了欺负的样子？”高个子杰克满不在乎地说道，“下午体育课上汤姆老师要测试体能哦，你可不准给我开溜。”“嗯。”小希拉里轻轻地应了一声。“哼，那我走了啊。你老不说话，大家都不想和你玩了。”看着高个子杰克走开的背影，小希拉里小声地说了句“不是的”，可惜杰克没有听见。希拉里有些懊悔地捶了捶脑袋，不是他想这样的，可他就是不敢说，也不知道怎么和同学们交流。

新来的体育老师名叫汤姆，据说是这所中学里最严厉的体育老师了，全校的男孩子都怕他。体育课上，希拉里的心里悄悄地打起了鼓，轮到他进行体能测试了。“这位同学，名字！”“嗯，埃……埃德……埃德蒙 · 希拉里。”体育老师瞪了瞪眼前这位瘦骨嶙峋又畏畏缩缩的学生，低声咕哝道：“怎么又来了一个怪胎啊，今年班上怎么会有这么多奇奇怪怪的人！”“不是的，我不是怪胎。”希拉里在心里小声地反驳着，可他不敢说出声……“好了好了，你不用测试体能了，登记一下,到那边的特殊班去吧。"体育老师不耐烦道。就这样,埃德蒙·希拉里被分到了体育特殊班里,和那些体能极差的"怪胎们"待在了一起……可是谁也没有想到,当时中学里那个有着强烈自卑感、整天与书为伴、喜爱幻想又不善言辞的害羞男孩,会在以后的日子里成为晓喻全球的珠峰征服者。

16岁那年,学校组织了一次远足活动。埃德蒙·希拉里和同学们跟随带队老师,一同前往几百千米外的国家公园。时下正值冬日,阳光明媚地洒在国家公园内白雪覆盖的火山群上。大雪白茫茫一片,整个大地显得平静、辽阔又安详。小希拉里默默地感受着这一切,看着远处嬉笑打闹的同班同学们,他的内心深处出奇地安静,却又充满了生机。他喜欢这一切,喜欢覆盖着厚厚白雪的群山,喜欢在这寒冷的雪天里去做点什么,最好是一些冒险又富有挑战性的事情。嗯,就是这样!毫无疑问,人生中第一次看到这么壮阔的雪域,埃德蒙·希拉里完全被这片晶莹剔透的冰雪世界吸引了注意力。根据学校的安排,埃德蒙·希拉里和同学们在国家公园待了10天时间。这10天内,埃德蒙·希拉里第一次主动参与了所有的雪上体育项目,每天的爬山还有滑雪,他永远是最积极的,这也让一直认为他自闭懦弱的老师和同学们刮目相看。"我想这是我对于探险和登山运动产生兴趣的开始,我当时脑子里只有一件事,就是去玩去体验,其他的事情都不重要了，我完全放飞了自我，所以探险与登山伴随了我一生。”年老的埃德蒙·希拉里在回忆人生中第一次远足登山的经历时曾这样说道。

国家公园的远足活动使得埃德蒙·希拉里发现了自己真正喜欢做的事情，他不再是那个害羞自卑的“小呆子”，他开始变得积极又自信。远足活动结束后，希拉里参加了家乡的一个小有名气的登山社团。在那里，他第一次交到了志同道合的朋友，他们都是登山爱好者，都喜欢尝试一些刺激又具有挑战性的冒险活动。于是一有闲暇，希拉里和朋友们就一起去远足、露营，去探索周围的山区，发现新的攀登点和露营地。短短 2 年内，家乡周围的群山就被埃德蒙·希拉里和他的朋友们走了个遍，这也越来越不能满足希拉里内心深处想要攀登更高更险峻山峰的欲望了。由于经常参加爬山活动，希拉里越来越健硕，他自发地承担起了更多的工作，在队里也越来越受重视。

时光缓缓流逝，生活也如同往常一样继续着，埃德蒙·希拉里已经是一个大学生了。几年下来，埃德蒙·希拉里的体能不断增强，也更加喜欢户外运动，喜欢在乡村旅行，喜欢通过长时间的艰苦跋涉来到达自己向往的目的地。但是现在他觉得有些无聊，身体里旺盛的精力正积蓄着，他想要去找点儿事情做，消耗自己多余的精力。大二那年，埃德蒙·希拉里退学了。回到奥克兰后，他开始和父亲老希拉里一起照看着家里的蜂箱，打理着家里的生意。养蜂这项工作需要在体力上付出很多，这在一定程度上缓解了希拉里精力充沛却无处发泄的状况，也进一步增强了他的体能。可在一段时间后，养蜂的新鲜感过去了，他又一次感觉到了乏味和无趣。枯燥的生活使得他更加想要跳出常规的局限，挑战自我。这种念头越是抑制就越发地强烈，如同野草般在他的脑海深处蔓延生长。

别看希拉里的父亲脾气温和，整天一副笑眯眯的样子，他可是曾经威风凛凛的空军战士，立过不小的战功。他看出了儿子的郁闷，因此鼓励儿子去参加空军。1939 年第二次世界大战爆发了，战争形势异常惨烈。希拉里应召报名参加了空军，却被告之最快也只能在一年后入编受训并上战场。“那么，接下来的一年内，我到底应该做些什么？”埃德蒙·希拉里问自己，“继续养蜂吗？不，这不是我想要的生活。”希拉里沮丧到了极点，他从来没有像这样觉得无所事事过。苦闷持续了好多天，他决定去南阿尔卑斯山散散心。数日后的某个傍晚，当他正在山脚下的酒店和朋友一起吃晚餐时，两个背着登山装备的健硕的年轻人从酒店外走了进来。这二人皮肤黝黑，性格活泼，看上去很健谈，不一会儿他们身边就聚集了不少人。希拉里和朋友觉得很好奇，通过打听才了解到，这二位年轻人是刚从新西兰境内阿尔卑斯山上的最高峰库克峰上下来的登山爱好者。他们竟然登上了最高峰！埃德蒙·希拉里沉默了良久，他抬起头来打量着那二位登山者，心中不禁肃然起敬。此刻，他的内心弥漫着些许挫败感，他不断地问自己想要追求的是什么。他咬咬牙下定决心：“我明天也要攀登个什么峰试试看，我也可以征服个什么山的！”这种强烈的决心驱使着希拉里在第二天天刚刚亮就出门了，朋友还在休息，可他已经等不及了！埃德蒙·希拉里一个人走上了通向奥利弗峰的小道，这是一座海拔 3000 多米的山峰，他要尽快爬上去。比起库克峰，这样的高度着实不算什么，可是对于心情压抑的希拉里而言，攀爬这座山峰的整个过程刺激无比，他所有的负面情绪都烟消云散了。他咬着牙一口气登上了奥利弗峰，峰顶一片平坦，他席地而坐，望着奥利弗峰下新西兰的国土，只觉得心底的郁闷似乎缓解了许多。从那刻起，他心里想要挑战更高更险峻的山峰的愿望越发强烈了。他告诉自己，总有一天，自己一定会登上世界上最高的珠穆朗玛峰，一定会的！

1940 年，埃德蒙·希拉里如期参加了皇家空军，开始了自己的空军生涯。从军的几年里，他内心深处想要征服珠穆朗玛峰的愿望并没有被消磨掉。退役后仅仅过了一周，希拉里就加入了阿尔卑斯登山俱乐部。他不断磨炼自己的登山技能，持续地练习攀爬岩石和攀登冰面的技能。每隔 3 个月，他就去爬一次山。这段时期内他的体能和登山能力都获得了极大的提高，为日后攀登世界最高峰打下了良好的基础。

珠穆朗玛峰，千百年来雄踞于我们居住的这个星球的巅峰，被称为世界屋脊，重峦叠嶂，坡高峰伟。世界各地的登山爱好者们从这里走了一批，又会来新的一批。只是因为它太过险峻，很少有人能够真正登上峰顶。珠峰周围的地理环境十分独特，常年在零下三四十摄氏度的低温是登山者行进过程中的拦路虎。冰川密密实实、冰坡层层叠叠、冰塔林更是一片连着一片，一不小心便会落得葬身谷底、尸骨无处可寻的悲惨下场。越往上走，氧气就越稀薄，登山者们必须严格控制自己呼吸的频率，要是不小心把随身携带的氧气罐里的氧气用光了，那后果可真的不堪设想了。环境越是恶劣就越是吸引着这些狂热的登山爱好者们。正是因为珠峰环境如此险要，更激起埃德蒙·希拉里和朋友们想要征服它的强烈愿望！

终于，希拉里也要行动了。1953 年，34 岁的埃德蒙·希拉里和来自尼泊尔的向导丹增·诺尔盖组队出发，从喜马拉雅山南侧的尼泊尔方向开始攀登珠峰。他们拥有成熟的技术，也制订了完善的登山计划，带足了氧气、帐篷和必需的食物。峭壁悬崖、冰雪纵横的珠峰就屹立在他们眼前。攀登珠峰本就不是一件容易的事情，一路上的凶险也不用多说了，最后几步的攀登尤为艰辛。这时，希拉里和丹增的氧气罐都快要用完了，二人相互搀扶着，都已经精疲力竭。"只剩几步了"，埃德蒙·希拉里喘了口粗气，"丹增，我们加把劲吧。"丹增把手中的绳子松了松，希拉里咬着牙挪动着双腿。他们的腿都在颤抖，体力真的快要到极限了！眼前是一片平坦却又湿滑的雪地，希拉里哆嗦着胳膊，用冻僵的手扶了扶氧气罩，猛力吸了几口，咬牙向上爬去。最后几步的艰难跋涉花费了将近一个小时。终于，眼前的障碍物都消失了，8848.13 米高的珠峰终于踩在他的脚下。丹增快速地跟了上去，此刻，他们已经被峰顶美丽的风景所震撼，被巨大的成就感和满足感所包围。作为万山至尊，珠峰至洁无瑕，这里是世界之巅，头顶是湛蓝如明镜般的天空，仿佛伸手便能触摸到。这里是一片冰清玉洁的世界，干净清新到了极致，周围是一片寂静与祥和，仿佛一个巨人在这里沉眠，从未被打扰过。他们俩肩并着肩，站在峰顶，谁也没有说话，无论是南边的尼泊尔还是北边中国古老又神秘的西藏，此刻都在他们的脚下了。他们被震撼了，因为一切都是值得的。站在这只能容下五六个人的顶峰上，希拉里替丹增拍下了他们登顶的第一张照片。照片中的丹增笨拙地抬着手臂，他的手里高举着捡来的冰块，冰上插着他们登山前准备好的小旗子，笑得很开心。然而，他们还是留下了一点点遗憾：丹增不会使用相机拍照，时间紧迫，物资有限，回程之路又有很多的不确定性，因此他们只留下了丹增的一张相片，在珠峰顶部逗留15分钟之后，便开始返程。傍晚，二人安全地返回了英国登山队的驻地。后来，老年的希拉里曾在回忆录中说道，他们并不确定人类是否能够登上世界的巅峰，不确定那次冒险是否会丧命，也不确定在登上顶峰后是否还能下来，是否还能活着回来。

从珠峰下来后，埃德蒙·希拉里的一句名言火遍了全世界。他的原话是这样的："我们最终打败了这家伙。"话里又爱又惧的复杂情绪正是世界所有登山家对于珠穆朗玛峰的情感。希拉里和丹增顺利登顶的消息很快便传遍了登山界，伦敦《泰晤士报》抢先报道了这一伟大的事件。作为一名英国本土外的非政治人士，埃德蒙·希拉里有幸获得了女王登基后授予的第一枚爵士勋章，这莫大的殊荣也随着他成功登顶珠峰而载入史册。

02

平凡的大英雄

34岁的希拉里已经完成了自己儿时的梦想，成功登顶珠峰的经历使他闻名世界。然而，他并没有迷失自我，也并不满足于自己已有的成就，这对他而言只是一个新的开始。

1954 年初，在新西兰阿尔卑斯俱乐部的邀请之下，希拉里率队挑战了世界第五高峰——马卡鲁峰。相对于珠穆朗玛峰，马卡鲁峰并非十分出名，它位于喜马拉雅山脉的中段，东经 87 度 06 分，北纬 27 度 54 分，海拔 8463 米，距离其西北方向的珠穆朗玛峰 24 千米，北侧在中国西藏境内，南侧在尼泊尔境内。这次攀登是希拉里在成功登顶珠峰之后的第一次攀登活动，但不幸的是，此次攀登就在他们距离峰顶只有 120 多米时，出现了意外。正在攀登途中，埃德蒙 · 希拉里的两位队友一不留神踩碎了悬空的冰层，掉入了奔流不息的冰河缝隙之中。情况紧急，队友生命垂危，希拉里只好停止了继续攀登。他和其他的队友们相互合作，帮助掉入冰河的两名队友从危险中脱离出来。在这过程中，希拉里不幸受了伤，折断了胸口的三根肋骨，这也最终导致了挑战马卡鲁峰的失败。但即使这一攀登行动失败了，希拉里仍旧凭借自己坚强的意志，带伤登上了海拔 6340 米的高度。

在埃德蒙 · 希拉里的人生中，有一个人对他产生过巨大的影响，那是他在大众媒体面前承认过的偶像——南极探险的先驱者欧内斯特 · 沙克尔顿（Ernest Shackleton）。希拉里认为沙克尔顿能带领一个团队成功地实现南极探险，其领导能力无人能敌。沙克尔顿组建的探险队是公认的最团结的队伍，队员们在他的领导下合作得当，共同历经千难万险，这是他们获得成功的重要经验。

作为埃德蒙·希拉里崇拜的偶像，欧内斯特·沙克尔顿对于探险活动的激情并不会随着年龄的增长而变淡，也不会因为各种世俗杂事的烦扰而消亡。他就像一台永不停歇的发动机一样，永远拥有对生活的热情和动力。希拉里向沙克尔顿学习，不断突破自己的上限。在成功登上珠峰以后的岁月中，虽然挑战世界第五高峰——马卡鲁峰失败，但他并没有气馁，也没有退缩，而是一次又一次地尝试，终于攀登完了喜马拉雅山脉的 11 座山峰，这些山峰全部都在海拔 6000 米以上。1955 年到 1958 年之间，希拉里他又带领新西兰探险队完成了穿越南极的征程。

许多探险家喜欢在行动之前安排好一切事情，他们的计划是固定的，几乎容不得任何意外情况的发生，但这并非希拉里的作风。希拉里认为，在一段冒险之中，不确定的事情太多了，你不可能把任何事情都考虑到、安排好。如果一点意外情况都不发生，那么旅途也就没有什么趣味可言了，所以他会很虚心地接受队员提出的好主意、好点子。许多探险队的队长往往不大喜欢队员们对自己的决定指手画脚或是提出异议，如果有人这么做了，他们会觉得很没面子，因而往往拒绝接受，反过来批评队员影响了自己的判断。但是在希拉里看来，若是攀登过程中发生了意外情况，他会询问队里其他成员的看法，考虑使用不同的做法来处理。不盲目死板，不一意孤行，能够随机应变，这对于探险活动十分重要。

1977 年，58 岁的埃德蒙·希拉里完成了独一无二的“从天空到大海”的旅程。他带领着探险队员，驾驶着汽艇一路沿恒河逆流而行，经过多日的跋涉，最终在喜马拉雅山脉上找到了恒河的源头。恒河被视为印度的圣河，对于印度教徒，是心灵朝圣的地方。每天都有印度教徒在恒河沐浴，千百年来，诗人、歌手和各种朝圣者的足迹遍布了恒河两岸，因此埃德蒙·希拉里的这次航行获得了印度的支持和认可，并为他赢得了很高的声誉，也正因为此次行动，新西兰与印度两个国家的关系得到了很大的改善。

03

从探险家到慈善家

人类每天都生活在大自然里，然而，并没有多少人洗净铅华，认真体会其中的美感。珠峰顶端的天空永远是碧蓝如洗，不曾沾染半点尘埃。仰望星辰，满天繁星永远罗列有致。

山河大地的自然风光，一草一木的灵动飞舞之间，人类的福泽也更加绵长久远，所有的生灵都息息相关。发现、探索、征服、感恩并且回报，很多人的心路历程便是如此。同样的，希拉里也毫不例外。登顶之后的岁月依旧绵延不息，希拉里却找到了自己真正的人生方向，他发现有一件事情比登顶更加重要，那便是奉献。

喜马拉雅山南麓国家尼泊尔是一个贫穷的小国，这个国家面临着严重的社会问题。生病的人们缺少医药；很多人的日常用水是被污染过的；疟疾、肠胃病和饥饿不时出现在老百姓的生活之中；孩子们缺衣少食，吃饭都成问题，更不要说受教育了。贫穷困扰着这里的人民，没有钱就没有办法让他们的小孩子去上学，而没有接受教育的机会，他们的下一代就更加贫穷，恶性循环就是这么开始的。1961年，埃德蒙·希拉里和其他志愿者们再次来到尼泊尔，着力改善这里的夏尔巴人的生活环境和生活质量。为了解决夏尔巴人的生活用水问题，希拉里和朋友们用塑胶管从山上引水，尽量保证水源的洁净卫生；为了便捷交通，他们在激流奔腾的河水上架起了桥梁；为了解决孩子们的教育问题，他们在昆均建立了一所不大的学校。之后，他们又在新西兰招募了医生志愿者，为山区缺医少药的农民们治疗疾病。此后的40年间，为了使更多的夏尔巴人受益，埃德蒙·希拉里曾经100多次往返于尼泊尔与世界各国之间，想方设法筹集各方资金，最终建立了喜马拉雅基金会。在他的不懈努力之下，十几个诊所、27 所学校和 2 家医院在喜马拉雅山区建立起来了。他的家人、朋友和成千上万受到他的事迹鼓舞的人们，自愿为基金会捐款，积极参加日常的慈善活动，夏尔巴人的生活也因此得到了巨大改善。

埃德蒙·希拉里第一次来到尼泊尔境内是在 1951 年，那时他 32 岁。他们为了登攀珠峰，来到海拔 5000 米的昆均。这里绿树成荫，郁郁葱葱，远望去大片大片火红的杜鹃花朵朵绽放，迎风玉立，竞开笑靥，映衬着满目的参天古树。山间是团团的紫红色，灿若云锦，馥郁茂盛。当年的昆均显得那样古朴而美丽。然而随着“珠峰热”的兴起，登山者攀爬过的路面上累积了大量的垃圾和杂物：因破损而丢弃的帐篷，用光了的空氧气瓶，还有各种食物废屑，都被随意丢弃在冰面上。这时，埃德蒙·希拉里终于意识到了没有限制的人类活动对雪山的环境造成了极大的破坏，环保已是当务之急。在担任美国喜马拉雅基金会的名誉主席期间，希拉里组织开展了大量的环保工作。他向全世界呼吁，旅游者的数量应该受到限制，登山队员们也应该加强自律。大自然的恢复能力十分有限，人类随手丢弃的杂物影响着生态环境，珠峰的美丽环境不能被破坏。此外，埃德蒙·希拉里不顾自己渐长的年龄和变差的身体状况，亲自动手种树，希望可以恢复昆均地区原本的森林面貌。

从少年时代起，埃德蒙·希拉里就热爱读书，喜爱幻想，在他小小的内心世界里，梦想总是与冒险息息相关。他习惯于在漫长的乡间道路上慢慢地行走，这样的他并不孤单。行走，是一种不疾不徐的人生态度，是追求，是生活方式，是人生过程。行走的途中，人们不知道开头在哪里，也不明白结局为何处，最好的时光总是在路上，埃德蒙·希拉里跟随着自己的心随意行走，在探险途中，他找到了自己的人生追求，也邂逅了自己的人生伴侣。

故事发生在埃德蒙·希拉里攀登珠峰之前。在一个阳光明媚的午后，他初次邂逅了路易丝·罗斯。午后的阳光温柔又慵懒，这是埃德蒙·希拉里第一次去阿尔卑斯俱乐部会长吉姆·罗斯的家里，但一次就已足够，他已经被钢琴声中那个如同精灵一般灵巧可人的女孩深深吸引。

肉眼看不清的细小尘埃，在阳光里飞舞，绕过罗斯金棕色的卷曲头发，拂过她纤细修长的后脖颈，抚摸着她的锁骨，轻轻地落在她弹着钢琴的修长的双手上，那只是一瞬间，但仿佛那就是永恒。

“你好，我是希拉里，埃埃德蒙·希拉里，登山协会的，来找会长。你可以叫我希拉里。”埃德蒙·希拉里说话结巴着，此刻，他仿佛又变回了那个瘦骨嶙峋、内向羞怯的小男孩。“先生您好，我是路易丝·罗斯，我爸爸还在午休，您稍等片刻好吗？您要喝什么？”眼前的女孩落落大方，善解人意，明媚又可爱。希拉里不自然地红了脸，“不……不用了，我坐一会儿就好。”路易丝笑了，“嗯，您自便吧，要听一段钢琴吗？”“好……好的。”

缘分总是来得没有理由，相遇本就是无数的机缘巧合拼凑而成的。从此以后，借着工作的缘故，埃德蒙·希拉里经常去路易丝家里，想方设法地与这个可爱的女孩多聊几句。他在心里暗下决定，他一定要攀登上世界最高的山峰证明自己是个勇敢的男人，哪怕这有可能是他最为惊险的冒险活动，他也要去尝试。

在第一次登完珠峰返乡的途中，埃德蒙·希拉里终于下定决心，他要去找路易丝，他要去告白，去求婚。此时的路易丝正在悉尼音乐学院读书，这些年正如希拉里喜欢着她一样，她也默默地爱着希拉里，将这个喜欢冒险的男孩放在心上。他们彼此之间都有好感，只差一层窗户纸没有捅破。彼此都在等待，互相牵挂又心怀忐忑。无论是谁主动，只要有一点风吹草动，他们就会发现，相互爱慕的感情是这么美好。

“路……路易丝，我……我喜欢你，我们在一起吧，我来照顾你好吗？”当年那个羞怯的大男孩此刻正站在自己的眼前。他英勇果敢，身体强壮，他是攀上珠峰的大英雄，可他还是紧张，他还是结巴。路易丝缓缓地笑了，心里甜得像尝了蜜。路易丝俏皮地吻了吻他的脸颊："好的，先生。"埃德蒙·希拉里激动极了，他把路易丝拥在怀里，激动的心情久久平静不下来……

3个月后，埃德蒙·希拉里和路易丝顺理成章地结婚了，婚后的路易丝温柔贤惠，她十分支持丈夫的探险工作，是埃德蒙·希拉里的得力助手。与希拉里一样，她热心慈善，愿意花费时间和精力，去帮助贫困的尼泊尔人民，让更多的苦难大众从中受益。婚后的生活美满幸福，他们陆续迎来了3个可爱的孩子，那真是一段无忧无虑的时光，完美得就像是在做梦。夫妻二人有着共同的志向，并为之奉献着自己的精力，孩子们乖巧懂事，全家人热爱户外运动，每一天都是开开心心的。然而上帝喜欢开玩笑，晴天霹雳来得让人猝不及防。尼泊尔，这个与希拉里的人生有着千丝万缕联系的贫困小国，真是让人又爱又恨。他在这里收获了人生中最大的幸福，却也在这里迎来了灭顶的伤痛。

1975年，那是锥心刺骨的一天。路易丝起了个大早，清点好行李衣物，还特意带了她从加德满都买给丈夫的新衬衫。小女儿贝琳达仍旧是懵懵懂懂的，她知道今天要去看爸爸，凌晨四五点就激动地睡不着觉。"贝琳达，别调皮了，你的东西收拾好了吗？”路易丝询问小女儿。“早就准备好了，亲爱的妈妈，我们快走吧，爸爸还在等着我们呢！”贝琳达做了个鬼脸，路易丝笑了。30分钟后，飞机在尼泊尔的加德满都机场起飞了，气流稳定，天气不错。路易丝眯了眯眼，准备打个盹。突然，机身开始晃动，旁边的小女儿贝琳达吓了一跳，“妈妈，我害怕。”她说道。机舱里的乘客们此时也有些烦躁，气氛顿时紧张了起来。“没事的，宝贝。”路易丝低声安慰着小女儿，同时也在心里默默祷告着。但上帝并没有听到她的请求，10秒之后，右侧的机翼着火了，飞机突然向一边倾斜，航行方向已不受控制。舱内警铃大作，惊恐的哭喊声、尖叫声，还有愤怒的咒骂声混合在一起，顿时让机舱成了活生生的人间地狱。可怕的惨剧发生了，飞机失事，埃德蒙 · 希拉里心爱的妻子和最疼爱的小女儿就这么意外地失去了生命，母女二人最后的时光是在惊恐无措中度过的。每当年老的埃德蒙·希拉里想起这一切时，总是悲痛欲绝。

当天傍晚，在夏尔巴人建设医院的工地上，埃德蒙 · 希拉里通过广播知道飞机坠毁的消息，他等了一天，妻子女儿没有来，他心里那股不好的预感最终应验了。他失去了她们，埃德蒙 · 希拉里沉默了好多天，每天不吃不喝。之后的无数个傍晚，他经常一个人漫步于机场，看着远处广阔的喜马拉雅山脉，不知道自己该干什么，一低头早已满脸是泪。最终，他还是决定留在尼泊尔，留在他和路易丝曾经生活过的地方，他要继续进行慈善事业，他相信这也是路易丝想让他做的事情。就这样，埃德蒙·希拉里独身一人度过了之后14年的岁月。

1989年，在他70岁的时候，埃德蒙·希拉里和另一位登山家彼得·穆尔格鲁的遗孀结为了夫妻。相对于第一任妻子路易丝而言，希拉里对于第二任妻子的感情更多的是陪伴与责任。二人都已经不是年轻人了，他们都经历了失去人生伴侣的痛苦，彼此之间惺惺相惜。他们把时间都用在了社会公共事业上，共同致力于改善夏尔巴人的生活。如果当地人民的生活质量可以在他们二人的努力下有所提高，那对于他们而言，一切都是值得的。老年的埃德蒙·希拉里和自己的老伴儿将他们几乎全部的精力都用在了基金会款项的筹集当中，他已不再是登山家和冒险家，而是慈善家，是人道主义者。

埃德蒙·希拉里于2008年1月11日死于心脏衰竭，享年88岁。2008年1月22日，新西兰为他举行了国家级规模的葬礼。2008年1月，尼泊尔卢克拉的卢克拉机场更名为丹增—希拉里机场，以纪念埃德蒙·希拉里爵士和向导丹增·诺尔盖。冥王星上第二高的山脉“希拉里山”也是以埃德蒙·希拉里的名字命名的，新西兰5元纸币的正面也印有他的头像，以纪念他为登山、为慈善、为环保所做的巨大贡献。埃德蒙·希拉里一生成就无数：1953年5月29日，他登顶珠穆朗玛峰，成为史上第一人；1953 年 6 月，他被任命为大英帝国骑士指挥官；2004 年 6 月，埃德蒙·希拉里被授予波兰共和国的指挥官十字架勋章。埃德蒙·希拉里曾将自己一生的探险经历写成《险峰岁月》一书。这个男人不仅是一个闻名世界的登山英雄,更是一个拥有伟大心灵的普通人。英雄太多了，我们牢记更因为他是后者，因为他说过："你不必非得像英雄一样去完成伟大的事情，不必非得像英雄一样去竞争。你可以当一个普通人，一个拥有无限动力，努力向富有挑战性的目标迈进的普通人。"

Chapter 07

原子核物理学之父

——欧内斯特·卢瑟福

欧内斯特·卢瑟福
原子核物理学之父

欧内斯特·卢瑟福（Ernest Rutherford，1871—1937），新西兰著名物理学家，原子核物理学之父。出生于新西兰尼尔逊的一个工人家庭。1894 年，获得坎特伯雷学院的文学学士、文学硕士和理学学士 3 个学位。1895 年，进入卡文迪许实验室（Cavendish Laboratory），在实验室学习期间提出了原子结构的行星模型。1898 年，担任加拿大麦吉尔大学的物理教授。1908 年，他因为首先提出放射性半衰期的概念荣获诺贝尔化学奖。1911 年，他根据 α 粒子散射实验现象提出原子核式结构模型，该实验被评为“物理最美实验”之一。1919 年，担任卡文迪许实验室主任。他的助手和学生中有多人获得了诺贝尔奖。欧内斯特·卢瑟福是微观物理学领域当之无愧的指路人。世界物理学界普遍认为，欧内斯特·卢瑟福是继英国电磁学家法拉第之后，物理学领域最伟大的实验家。

01 英才出自贫寒家

新西兰塔斯曼湾的东部地区有很多小城镇，尼尔逊是其中非常不起眼的一个。这座小镇建立于 1841 年，是一个移民聚居的地方。小镇上不仅有苏格兰人、英格兰人，还有奥地利人，大家和睦地生活在一起。这座小镇整体坐落在南岛的北端。多年以前，一位名为霍雷肖·尼尔逊的海军中将，在特拉法尔加之战中打败了西班牙舰队和法国舰队，人们为了纪念他的英勇，用他的名字命名了这座小镇。三面环山的尼尔逊镇也是新西兰南岛上最古老的城镇，由于气候温和湿润，这里一年四季都适合出游，是最为理想的度假胜地。约150多年以前的1871年，尼尔逊镇还没有现在这么繁华的时候，这里诞生了一个了不起的男孩——欧内斯特·卢瑟福。

与大多数移民新西兰的人一样，欧内斯特·卢瑟福的爷爷是苏格兰人，祖祖辈辈都是农民。新西兰的自然环境美丽动人，但是乡间的生活毕竟是艰苦的。卢瑟福的父亲詹姆斯·卢瑟福是个非常勤奋的人，为了养活一家老小，他做过不少工作。他既是农民，又是修车轮的工匠，还会做木工活。1871年8月30日，经济条件拮据的卢瑟福家族迎来了第四个孙辈，也是孙辈中的第二个男孩，被起名为欧内斯特·卢瑟福。在欧内斯特·卢瑟福之后，家里又陆续地迎来了8个弟弟妹妹，兄弟姐妹一共12个，这的的确确是一个大家庭。贤惠温良的母亲是位小学老师，挣着一份不多的工资。但即使父母都不停地工作，他们有限的收入来供养一家老小也总是捉襟见肘。

一家人相依为命，孩子们从小就知道生活的不易，无须任何人去刻意教育。家里的条件不好，除了几间房子之外，称得上是家徒四壁。孩子们都知道，要想生活得好一点就必须自己动手，必须勤勤恳恳地劳作，土地也必须精心地侍弄才能得到更多的粮食。无论是春天耕地播种还是秋天收获庄稼，全家人都一起劳作，每个人都要分担一点活计。年幼的欧内斯特·卢瑟福被分到的任务，通常都是去农场上做一些除草、劈柴、挤牛奶之类的杂活儿。全家人一起劳动、相互帮助，大家其乐融融，很少发生争吵。父亲朴实勤劳，母亲乐观向上，虽然家里生活清贫，但家庭氛围异常温馨，一家人过得简单快乐。

外公是一位数学家，颇有才华，在附近小有名气。在他的影响下，卢瑟福的母亲玛莎·汤姆森成了一位数学老师。父母往往是孩子最好的老师，他们的行为方式在潜移默化中影响着家里的孩子们，塑造着孩子们的性格，进而逐渐影响到儿女们的成长和今后的生活。而作为数学教师的母亲，对卢瑟福的一生产生的影响不可估量。在巨大的生活压力面前，母亲始终保持着乐观的态度。在家里她任劳任怨，言传身教地引导着孩子们：不管在日常生活中遭遇了怎样的困境和负担，都要用良好的心态和积极的笑容去应对。也正是由于母亲身体力行的教育，欧内斯特·卢瑟福的一生始终都保持着热爱劳动和认真学习的良好品质，即使在后来成名之后，这种淳朴的性格依然没有改变。正因为如此，很多媒体工作者在与卢瑟福接触后表示，欧内斯特·卢瑟福继承了典型的新西兰农民所具有的一切优点，他淳朴真实，不喜欢弄虚作假，除此之外，他身上永远闪烁着智慧的光彩。

父亲詹姆斯·卢瑟福是一个心灵手巧的聪明人。他擅长想一些新点子，鼓捣一些很有创造性的玩意儿。詹姆斯在亚麻厂当工人时，为了节省体力，提高工作效率，他尝试用好几种不同的方法去浸泡亚麻，在亚麻材料得到充分的浸泡之后，他再打开水力驱动器，一个接一个地测试亚麻的渗水性，从而找到效果最佳的工作方法。这种方法不仅省时省力，并很容易就能在一堆产品中选出最优良的品种，极大地提高了工作效率，工厂老板对此表示大为赞赏，他也因此得到过不少嘉奖。父子俩在某些方面是有相似之处的，卢瑟福在很小的时候就经常拿着锤子、锲子拆拆补补，家里凡是带螺丝钉的东西都被他拆了个遍。他很有想法，做出了不少稀奇古怪的小东西，他非凡的创造天赋也在这时逐渐体现出来了。家里有一个已经用了好多年的老钟表，经常会停下来，时间长了之后，越走越慢，这自然会耽误很多事情。家里人都认为钟表太旧了，没有办法再修理了，但是小卢瑟福却不愿意把它丢掉，他把钟表中的零件一个个拆下来，仔细地清洗掉每一个部件的泥垢和油污，然后重新组装起来，再装好外壳。

经小卢瑟福修理过的钟表焕然一新，故障排除了，跟新的一样好用，家里又省下了一笔开支。小卢瑟福这种喜欢自己动手修理东西的爱好，对他后来的科研工作很有帮助。

虽然家里一贫如洗，可是卢瑟福的父母都十分清楚良好的教育对孩子的意义。改变贫穷的方法只有教育，教育能够使人得到知识，从而有更多的机会提升自己的能力。因此，尽管家里的收入只够糊口，他们也愿意节衣缩食，让孩子们读书。即使在生活上十分艰苦，欧内斯特·卢瑟福最终则是以优异的成绩读完了大学。1894 年卢瑟福从新西兰的坎特伯雷学院毕业时，获得了 3 个学位（文学学士、文学硕士、理学学士），并获得英国剑桥大学的奖学金，从而进入卡文迪许实验室，成为约瑟夫·汤姆逊的研究生。父母的观念无疑是超前于当时的时代的,若不是他们在教育方面的开明态度，儿子也不可能取得如此重要的成就。成功后的欧内斯特·卢瑟福也不止一次地在公共场合感谢过自己的双亲。

小卢瑟福的成长是很好的励志故事。1876 年，5 岁的卢瑟福开始了在母亲任教的学校——泉林村小学学习。2 年后家里搬家,他在离家不远的福克斯希尔学校继续自己的学业。一个学期的学费是 13 新元，不是很贵，但家里要上学的孩子很多，集中起来就是一笔不菲的费用了。家里的收入太有限了，光是吃穿就花去了不少。因此，平日里除了学习，小卢瑟福还帮家里人做些家务。一到暑假，家里的小孩就忙碌起来了。下一个学期的学费还没有凑齐，但是孩子们有自己的解决方法。他们帮农场主砍柴、捡树枝、放羊、挤牛奶，一个暑假的时间足够赚到自己的学费了。

小学的学费还算相对便宜，进入中学后，学费更贵了。欧内斯特·卢瑟福心里十分清楚，想要上学就必须自己赚钱。后来他听说优等生可以获得奖学金，就更加发奋读书了。他学习起来几乎到了一种忘我的境界，不会被任何外界的事物所干扰。即使别人故意在他面前做鬼脸或是恶作剧，他也无动于衷。当时，州政府有一项优惠政策：参加州政府组织的统一考试，考试成绩排列在前 3 名的学生可以免费进入纳尔逊学院，获得免费的食宿，并有高额奖学金。卢瑟福参加了这次考试并且表现十分出色，以仅低于总分 20 分的超高成绩成为那项奖学金的获得者。进入纳尔逊学院之后，卢瑟福又陆续获得了众多奖励，并在中学生涯的最后一年以专业第四的成绩获得了免费进入新西兰大学深造的机会。1889 年进入新西兰大学的坎特伯雷学院之后，卢瑟福更加发奋了，物理和数学成绩一直名列前茅。大学毕业时，卢瑟福不仅相继获得了文学学士和硕士学位，而且还攻读下了一个理学学士学位，成绩十分优异。在校期间，他申请了进入剑桥大学深造的大英博览会奖学金，但由于这项奖学金每 2 年发放一次，所以在大学毕业之后，欧内斯特·卢瑟福又在学校内继续做了一年科研工作后才去剑桥。

大英博览会奖学金是由1851年在伦敦海德公园水晶宫举办的国际展览会获得的收入提供，它的评选标准历来十分严苛，有能力拿到的人都是凤毛麟角、千里挑一的顶尖学生。这笔钱培养了一大批成绩特别出色、前途十分光明的学生，这批人从久负盛名的英国高等学府毕业之后，分散到世界各地，为人类文明的发展做出了重要的贡献。凡属于英联邦国家的学生，都有机会拿到这笔不菲的奖学金。1895年，与欧内斯特·卢瑟福一同参加这次奖学金申请考试的人中，有一个叫麦克·劳林的同学也具备了录取条件，但最终能够去剑桥深造的名额只有一个。奖学金评选委员会经过争论之后，最终将名额给了麦克·劳林，欧内斯特·卢瑟福十分沮丧，但是结果已没法更改，即使再不甘心，他也无可奈何。4月份的一天，卢瑟福正在家里的菜园子里干活，按照母亲的要求挖几个土豆用来准备晚餐。不一会儿，母亲兴高采烈地向他跑来，手里拿着一份揉皱了的电报，不断地晃动着，高兴地朝他喊道："儿子，你被录取了，你被录取了！"他不明白母亲在说什么，疑惑地问："什么被选上了？选什么了？"母亲把电报递到他手上，通知书已经皱得不成样子了，他费力地看了看才明白，情况发生了变化，麦克·劳林结婚了，而基金会所给的奖学金不够他们夫妻二人在英国的花销，所以他决定放弃去剑桥大学留学的名额,和妻子留在国内生活，大英博览会奖学金的基金委员会于是改变了主意，将这笔奖学金给了卢瑟福，他可以去剑桥了。卢瑟福立即扔下手中的劳动工具，兴奋得一下蹦了起来，大喊道："哈哈，真是没有想到，这个土豆就是我挖的最后一个土豆了！"

心中有梦，而囊中羞涩。但贫困挡不住梦想的脚步，艰苦的生活条件更坚定了欧内斯特·卢瑟福锐意进取的心。通过自己的刻苦努力，卢瑟福最终学有所成。十几年艰苦的求学经历让他懂得，无论多困难，一旦认准了目标，就只能往前走，一定不能回头。他的这一品质也使他收获了一个响当当的外号——鳄鱼。鳄鱼的性格就是从不后退，从不转弯，吞噬面前所有的障碍物，一直往前走。后来，卢瑟福的学生为他们的老师做了一块鳄鱼勋章挂在老师的实验室门口，成了学校里尽人皆知的一道独特的风景。

02

从农村小子到物理学大家

1895 年 9 月，卢瑟福在凑齐了路费后，告别了家人，搭乘开往英国的游轮，奔赴英国剑桥大学卡文迪许实验室，成为汤姆逊教授的研究生，开始了他的物理学航程。

卢瑟福的母亲玛莎曾经在 1881 年，也就是他 10 岁的时候送了他一本由曼彻斯特大学教授巴尔福·司徒华所编写的教科书《物理学入门》。书中不仅仅包含了一些简单的物理学入门知识，还配图讲解了不少有趣的物理小实验，以激发阅读者的思考。这本书给了卢瑟福重大的启示：规律要从一系列的实验过程和逻辑推理中得出，每一个步骤都应当是有所依据的，决不能凭空捏造。看完整本书之后，他用铅笔把自己的名字和年龄歪歪斜斜地写在了封面上,交给母亲收藏。直到十几年后他终于有机会深入研究物理学，才又将这本书拿出来。这本书的作者巴尔福是欧内斯特·卢瑟福在剑桥读研时的导师汤姆逊的老师，也算是命运的奇妙安排了。仿佛一切在冥冥之中早已注定，从此以后，卢瑟福也逐渐走上了物理学研究的道路。

由于在学业上的优异表现，欧内斯特·卢瑟福深受导师汤姆逊的喜爱。在导师的指导下，欧内斯特·卢瑟福发明了一种电磁波探测器，能够在方圆 800 米处检测无线电波，并且取得了良好的效果，这是一个突破性的成就。1898 年，他提出在铀辐射中存在 α 射线和 β 射线，并指出了它们的一些特性。鉴于卢瑟福在物理学研究领域的优秀表现，导师汤姆逊推荐他担任了加拿大麦吉尔大学的物理系主任。1907 年，欧内斯特 · 卢瑟福再次回到了英国，成为曼彻斯特大学的物理学教授。此后，他证明了放射性是原子的自然衰变，并于 1908 年获得了诺贝尔化学奖。他对自己获得的不是物理学奖感到很诧异，领奖的时候他风趣地说：“这玩笑简直是开大了！我是一个实验物理学家，可是现在竟然要以化学家的身份领奖，太有趣了啊。”在第一次世界大战期间，他还参加了海底探测系统的研究。

在曼彻斯特大学工作期间，欧内斯特 · 卢瑟福曾和他的学生马斯登做过一个有趣的实验。他们摆置了一片薄金箔，然后用 α 粒子对其进行撞击，撞击的结果是大部分 α 粒子能穿透金箔，极少数 α 粒子会回弹。他对这次实验解释说，这就像是拿一枚直径 15 寸的炮弹去射击一张白纸，却被白纸反弹回来打到了自己。根据 α 粒子散射实验，他做出了一个类似太阳星系行星的原子模型。并推断出电子绕原子核旋转，就像行星的运行轨迹一样。

欧内斯特 · 卢瑟福是个非常认真、敬业的人，但是平日里他最喜欢做的除了读书就是思考。他认为思考是拓宽思维和认知的前提，但他对于长时间的连续工作极度反感。有一次，他半夜起来上厕所，看到实验室的灯还亮着，以为是哪个大意的学生忘了关灯。当他走进实验室准备关灯的时候，发现有个学生在那里做实验，就询问了一下，得知学生一直在这里做实验，他很恼怒地说："这么晚了你还在工作，你的工作量很大吗？为什么不在白天做完它呢？连晚上都在做实验，那你什么时候才有时间思考问题呢？"

欧内斯特·卢瑟福对待科研的心态严谨、淡定且有耐心。他在曼彻斯特大学取得一些物理研究成果后，应英国学术协会邀请，在报告会上做实验以证明自己的理论时，仪器突然出了故障，他不慌不忙地对台下的人说："很抱歉，各位，由于仪器出了点小故障，现在大家有 5 分钟的时间休息，可以去散散步或者抽支烟，5 分钟后我们再继续。"5 分钟后，卢瑟福果真修好了仪器，在场的人无不对他敬佩有加。

多年的实验和研究经验使得卢瑟福在学术领域取得了重大的进展，作为一位名副其实的物理学大师，欧内斯特·卢瑟福的成就是巨大的。

在剑桥期间，他与导师汤姆逊合作研究了 X 射线对气体的传导效应，这直接促成汤姆逊在 1897 年向世界宣布发现了电子。在探索铀的放射性时，卢瑟福发现了两种与 X 射线穿透力不同的射线，并在 1899 年命名为阿尔法（Alpha）射线和贝塔（Beta）射线。

1903 年，卢瑟福考查了一种以前由法国化学家保罗·维拉德发现的射线，在认真研究之后，他发现这种射线有着异常强大的穿透力，他将其命名为伽马（Gamma）射线。射线所有的3个名称——阿尔法、贝塔和伽马一直被沿用到了现在。1919年，他通过使用α射线，成功地将氮转化成为氧，成为第一个能将一种元素转换成另一种元素的人。

卢瑟福于1911年根据α粒子散射实验现象提出的原子核式结构模型也被学术界评为“物理最美实验”之一。

此外，卢瑟福还发现了质子。1919年，他和助手们用α粒子轰击氮核，并测定了从氮核中打出的一种粒子的电荷与质量，惊奇地发现这种粒子的电荷量和质量都为一个单位，达到了一种完美的巧合，卢瑟福将这种粒子命名为质子。从此，人们对物质结构的研究进入了一个新的层次——原子核内部。他的这一发现也直接促进了一个新的科学领域——原子物理学的诞生。

1919年，卢瑟福的导师约瑟夫·汤姆逊爵士要退休了，他接替导师的工作，成为剑桥物理学卡文迪许实验室的教授。由于在原子物理学领域的突出贡献，1931年，卢瑟福被英国女王封为纳尔逊男爵，这是难得的殊荣。

03
桃李满天下

欧内斯特·卢瑟福是世界核物理领域的先驱。除了在理论技术上的重大贡献之外，他的成果还被广泛应用于诸多的项目上，如核电站、运用放射性测定年代以及放射标志物等。

不仅如此，卢瑟福还培育出一大批物理学人才。他的学生和助手中，有12个人先后获得了诺贝尔奖，这也是科学史上的一大奇观。

欧内斯特·卢瑟福与弟子卡皮察之间有着特别深厚的师生情。卡皮察是俄罗斯物理学家，他在1978年获得诺贝尔物理学奖，是俄罗斯物理学界的先驱。卡皮察年轻时曾在卢瑟福的实验室工作过14年，师徒二人朝夕相处，培养出十足的默契。卡皮察不仅勤奋好学而且对于实验研究很有想法，卢瑟福很欣赏这个年轻人，卡皮察也发自内心地敬重他，两人情同父子。为了研究强磁场，欧内斯特·卢瑟福专门建立一个叫“蒙德”的实验室，并让自己最心爱的弟子卡皮察担任了实验室主任。卢瑟福的外号“鳄鱼”，代表其勇往直前，不怕困难的精神，在背后卡皮察也经常开玩笑地把老师叫作

"鳄鱼'，师徒之间经常借这小小的玩笑来相互调侃，他们彼此敬重，关系亲密无间。

1934年秋，回苏联探望家人的卡皮察被政府扣留在了国内。苏联当局下令不允许他再回英国去工作，卡皮察进行了一半的实验被迫中断，内心苦闷万分。原子物理学的研究必须要依靠专业的仪器和工具，没有实验室，缺少专业的研究器材，卡皮察的才华根本无法施展。有将近3年的时间，卡皮察无所事事，整天空虚度日。作为导师的欧内斯特 · 卢瑟福决心帮助卡皮察，他凭借自己在当时物理学界的威望，说服了苏联和英国两国的政府，把蒙德实验室的全部设备和仪器从英国运至莫斯科，并派了一名助手去苏联帮助弟子卡皮察安装实验仪器。卢瑟福与科学界各个派别的人都相处得十分融洽，这是十分罕见的现象。

1937年，年仅66岁的卢瑟福因窒息性疝气于剑桥去世，卡皮察知道消息后悲痛万分，很长时间没有办法振作。卢瑟福去世后被葬在威斯敏斯特教堂，与法拉第、牛顿并排安葬。

从新西兰纳尔逊农村里的穷孩子到享誉世界的物理学先驱，欧内斯特 · 卢瑟福的一生是一部活生生的励志书。人生就像攀岩，向下看会双腿发软，因此你只能尽力地往上爬。在到达目的地的一瞬间，那段在黑夜摸索走过的路，那时咬着牙的苦苦坚守，都会化作最美好的回忆。

Chapter 08

新西兰文学的奠基人

——凯瑟琳·曼斯菲尔德

凯瑟琳·曼斯菲尔德
新西兰文学的奠基人

凯瑟琳·曼斯菲尔德（Katherine Mansfield，1888—1923），新西兰著名女作家，文化女性主义者。出生于新西兰惠灵顿。1908年，为了追求自己喜爱的文学，凯瑟琳·曼斯菲尔德放弃优越的家境，只身远赴伦敦。但在伦敦波希米亚式的生活和不幸的婚姻让她的希望破灭。凯瑟琳·曼斯菲尔德将这种心境写进了1911年出版的《在德国公寓》里。1912年，凯瑟琳·曼斯菲尔德邂逅了第二任丈夫，这带给她新的幸福，1914年，凯瑟琳·曼斯菲尔德的小说集《节奏》和《忧郁评论》出版。一战期间，得知弟弟牺牲的消息，凯瑟琳·曼斯菲尔德在愧疚之中写下了《序曲》。她的著名代表作还有《园会》（*The Garden Party and Other Stories*）、《幸福》（*Bliss and Other Stories*）和《在海湾》（*At the Bay*）等。她的创作指向女性的生存处境，以独特的视角，对女性解放这个社会问题提供了文学的思考和解救之道。1922年，凯瑟琳·曼斯菲尔德的小说集《园会》的出版奠定了她在英国文坛的地位。后来，凯瑟琳·曼斯菲尔德醉心于俄罗斯文化，凯瑟琳·曼斯菲尔德的很多作品被译成俄文出版。她是100多年来新西兰最有影响的作家之一，被誉为新西兰文学的奠基人。

01

书籍浸染作家魂

提起短篇小说大师，人们会自然而然地想到法国的莫泊桑、俄国的契诃夫以及美国的欧·亨利，而凯瑟琳·曼斯菲尔德却很少有人知道。

凯瑟琳·曼斯菲尔德的本名是卡瑟琳·包姗普，新西兰惠灵顿人，她是世界短篇小说界中为数不多的女性作家之一，是新西兰人民的骄傲。凯瑟琳·曼斯菲尔德生于新西兰一个富裕的中产阶级家庭，父亲经营着一家进出口公司，母亲是家庭主妇，他们都受过良好的教育。

1888 年 10 月 14 日，比切姆太太躺在家里的大木床上痛苦地嘶喊着，在助产婆的帮助下，想要把肚子里的孩子生出来。丈夫哈尔·比切姆在门外焦急地踱来踱去，这是夫妇俩的第三个孩子，他内心的焦躁一点儿也不比妻子少。他正值而立之年，事业有成，并且已经和妻子有了 2 个女儿，如果这一胎是儿子，那就再完美不过了！“上帝啊，求求你，给我个儿子吧，只要他是个男孩，我就有一个小继承人了！”

可是妻子生下的仍是一个女孩。她长得像父亲一样健康又结实，浓密的头发跟母亲一个颜色，外表胖乎乎的，这就是凯瑟琳·曼斯菲尔德。哈尔·比切姆看着可爱的孩子，却一点也高兴不起来。

凯瑟琳·曼斯菲尔德一家住的木房子就建在码头的渡口边，父亲哈尔·比切姆多才多艺，不仅会弹钢琴，而且还曾经在音乐会中演奏过短号，在诗歌方面也略懂些许。母亲比父亲小 6 岁，这个娇小的妇人全心全意地爱着自己的丈夫，爱他甚至超过了爱孩子们。在轮船的汽笛声响和纤夫日复一日的号子声中，凯瑟琳长到了半岁，茁壮又健康。在凯瑟琳的童年生涯中，自己的母亲总是一副得过且过的态度，她把所有的精力用在了关心丈夫的需求上，她不会照顾孩子。与其说她是一位不合格的母亲，还不如说她也是一个孩子，一个脑子里装满了少女的幻想，还未长大、还未成熟的小女孩。

母亲似乎只负责生孩子，她生了一个又一个女儿。在凯瑟琳 4 岁的时候，她又有了一个妹妹。生活上的无能，以及父亲越来越多的失望，让母亲没有勇气去照顾孩子。这一年，凯瑟琳的父亲、34 岁的哈尔·比切姆先生做了一个重大的决定——让家人去乡下生活。哈尔先生给了乡下的叔叔家一笔不菲的佣金，买下了那里的几间平房。乡下的老比切姆家族人丁兴旺，哈尔先生一家人搬到乡下去，可以和亲戚相互帮衬。这样，他就可以少操点心，腾出更多的时间来发展自己的事业。

懵懵懂懂间两年时光悄然而逝，凯瑟琳家里也终于迎来了一个男孩子的出生，那就是小莱斯利，家里最小的弟弟。1895 年初，凯瑟琳已经 6 岁了，她去卡罗里公立小学——卡罗里山谷中唯一的一所小学上学，与书为伴的日子也就是从那时候开始的。

从出生开始，凯瑟琳在家里便是孤独的。上面的两个姐姐比她大得多，她们是一伙的，不和她这个小孩子玩。弟弟妹妹又比她小好几岁，也没有办法一块儿玩耍。年幼的孩子总是敏感的，落单的孩子就更加敏感了。在幼小的凯瑟琳的内心深处，她能感觉到家人并不宠爱自己，尤其父亲从她一出生，就很少对自己展露笑脸，他只爱他的小继承人，只喜欢哄着小儿子玩。母亲也不爱她，母亲只爱父亲。年迈的祖母只喜欢靠着炉子打盹。没有人关心她，她变得越来越敏感脆弱。凯瑟琳从小就酷爱读书，整天以书为伴，这也练就了她在文学写作方面的素养。她觉得周围的人都无法理解自己，世俗繁复嘈杂，只有书中的世界是静谧安详又有条理，她变得越发地沉默内敛。书籍给了她喘息放松的空间，却也使她更加的孤独。她也曾竭力想要引人注目，竭力显示自己的与众不同。于是，凯瑟琳参加了学校的英文作文比赛，并获得了奖项。也正是由于这次比赛，凯瑟琳意识到，积郁在内心深处的这些感情，可以通过笔尖发泄出来，一旦将思想付诸纸上，她便停不下笔来。此后，凯瑟琳开始向校报投稿，那一年她才9岁。年幼的凯瑟琳在校报上登过很多篇文章，《艾娜·布莱克》、《日记》、《幸福的圣诞夜》、《伊丽莎白和她的德国花园》以及《园会》，这些文章成了她青春期时的感情的宣泄口，也为她赢得了不少的赞赏与鼓励。几年后，中学时期的凯瑟琳开始创办司维森中学的学生刊物，也参与了学校的话剧社表演。此时的凯瑟琳已经不是2年前那个胖乎乎的小女孩了，她开始跟着凯撒叔叔学习大提琴，身体如同麦芽抽了穗儿一般发育起来，变得纤长靓丽、文雅端庄。拿掉了眼镜，她的眼神也显得更加温柔了。

童年是一首忧郁的诗，赤诚本真，却也明媚可人。童年有时候是羞于启齿的，却可以造就一个人的基本性格。童年回忆里那个与书为伴的敏感小女孩，也随着时间的流逝变得越来越深沉了……

02

固执率性青春梦

每个人的内心深处都有一种想要流浪的冲动，但人生不可能是一场说走就走的旅行。大多数的人选择了庸庸碌碌、得过且过的一生，只是因为害怕颠沛流离，流浪四方，找不到归属。然而凯瑟琳·曼斯菲尔德不是这样的，她注定会特立独行于世。15岁的时候，她选择了流浪，选择了放逐自己。年幼时，维多利亚式风格的生活方式和密林环绕、风景秀丽的卡罗里山谷并不能满足凯瑟琳内心想要冒险的渴求。中学毕业后，她毅然放弃了新西兰富裕而又平静的生活，放弃了成为一个大家闺秀，成为有钱人家的家庭教师的机会。提着行李箱，她独自一人坐上了前往伦敦的邮轮。从此以后，她成为一个孤独的流浪者，她徘徊在伦敦的街角巷尾。未来是什么样子她并不清楚，凯瑟琳唯一确定的是，这一路她将继续前行，即使看不到未来，也要一直往前走。

凯瑟琳·曼斯菲尔德来到英国伦敦，进入皇后学院就学。皇后学院坐落在伦敦的哈利大街上，这是一所女校，很多像凯瑟琳一样的中产阶级的年轻小姐在这所学校就读。作为一名维多利亚时代的年轻的中产阶级小姐，如果你不够有钱，不够美貌或是不识风趣，也没有结婚，人生的选择将少得可怜。对于当时全社会的女性而言，唯一的也是最重要的事情就是结婚了。因此，年轻小姐们在这里读书，很大程度上是为了消磨时光,她们只是想获得一个高等文凭或是一句称赞，以便在日后联姻时增加筹码，就像待价而沽的货品那样，可以卖得贵一点，嫁得好一点。凯瑟琳是不同的，她纯粹是为了在文学上得到更大的进步，她一边学习着法语、德语和大提琴课程，一边继续写作，不时发表一些诗歌和小散文。

皇后学院的主管卡米拉·克劳黛西小姐是一个漂亮又精明的女人，她善于交际，对人从不冷嘲热讽。在凯瑟琳的学习生涯中，这样机智幽默的老师是罕见的。克劳戴西小姐经常邀请学生们去她的乡间别墅，凯瑟琳应邀去过好几次，她对凯瑟琳的人生影响巨大。

凯瑟琳已经习惯了哈利街上的生活，她过得惬意又自在，闲暇时间就去参加诗歌朗诵小组的聚会，每个周末都抽空去港口听听熟悉的邮轮的汽笛声，也会在宿舍阴暗狭小的房间里幻想未来，当然也少不了写作。

凯瑟琳除了是一位作家，还是一位有才华的大提琴家。留学伦敦期间，她经常演奏大提琴，偶尔为大学的报社写文章。这期间她经常回忆自己的童年时光，开始写自己在新西兰经历的故事，以及自己对于当地土著毛利人的看法。写作成为她第一个也是最重要的与外界联系的媒介，她表达自己的想法，释放自己内心的悲伤情绪，似乎总是渴望得到更多的个人自由。她个性复杂，好战又懦弱，坚硬又柔软，因而她的作品中，多多少少都带有生活中压抑苦闷却又无法释放的色彩，以及浓厚的波希米亚风格特色。1903 年至 1906 年的这 3 年间，她开始到处流浪，足迹遍布欧洲。她极其喜欢德国和比利时，称赞说这两个国家的美景使自己心灵得到了归属。凯瑟琳喜欢旅游，尤其喜欢旅馆生活，在她看来，它的诱人之处在于带来了一种轻松的感觉，她想要尝试一下各种生活，新西兰的生活方式太过于狭隘和闭塞，那些虚伪的体面，她从内心里感到厌烦。只有写作和旅行可以让她得到满足，写作让她想象各式各样的人生，旅行让她见识各式各样的人，从搬运工到泥瓦匠，从有钱的贵妇到整天干粗活的女仆，大千世界是如此的丰富多彩。

1906 年，凯瑟琳从皇后学院毕业，她不得不回国了，尽管她并不喜欢。回到故乡新西兰之后，凯瑟琳进入了惠灵顿的皇家音乐学院，继续学习大提琴，在这里度过了两年的时光。在她父母的眼中，凯瑟琳的生活终于回归了正轨，但只有她才知道，她不喜欢这样的生活。每天都中规中矩的，如同一潭死水，惊不起一丝波澜，她能做的只有忍耐又忍耐，只有在写作中才能得到偶尔的喘息。惠灵顿还跟她多年前离开时一样，什么都没有变化，在她眼里，甚至原来家门前的一棵树、路边的一棵草都还是一模一样，路灯的灯光透过毛玻璃照下来，永远是昏黄又无精打采的。仿佛她上一秒刚离开，下一秒她又回来了。不，她受够了！

跟许多维多利亚时代的父亲一样，哈尔 · 比切姆先生观念传统，年龄越大他就越喜欢为一切事情做主。在当时的世俗眼光里，女人就应该待在家里乖乖地当个贤妻良母，或是去当一个稳重的家庭教师、抛头露面的工作还是少做为好。所以说大提琴手绝对不是个好的选择，这只能是个爱好，至于那劳什子的作家就更不靠谱了。为此，凯瑟琳和她的父亲发生过多次矛盾与冲突，凯瑟琳遗传了父亲的固执，二人谁都不肯妥协，这将是一场漫长的拉锯战。

1908年的7月，凯瑟琳告诉父亲，她要再次回到英国了。离开父亲，就没有什么能阻止她的文学道路，也没有人阻止她成为一个大提琴手，她要离开这个地方，她不想成为一个闺阁里娇滴滴的女子。现在没有人阻止她了！无论是对父母亲的爱与恨，还是对于过去的留恋与厌倦，都将永远留在她的精神世界里，成为她的写作素材，她要踏上新的征程了！

这次返回伦敦之后，她正式将“凯瑟琳·曼斯菲尔德”这个名字作为自己的笔名，从此以后定居伦敦，开始了自己的职业写作生涯。

03

放纵不羁女儿情

在情感上，凯瑟琳也是一位波希米亚式风格的女人。她自我又有个性，追求极致完美，感情激烈，情绪来得快去得也快。正如她本人喜欢旅行一样，年轻的凯瑟琳的情感生活也一直处于流浪的状态。

凯瑟琳的初恋来得很早，13 岁时的感情青涩又朦胧。那是在中学时代，年少的凯瑟琳在司维森学校的杂志上刊登了一些有趣的小故事，这使她被话剧社的巴茨小姐选中，成为学校周六话剧社的一名小演员。参加话剧表演的凯瑟琳具有别人没有的独特的才能,她可以惟妙惟肖地模仿各种小动物，也能形象地表演出各种生活的细节。她因此得到了一位英国牧师的爱慕，这段感情也曾有过让她心驰神往的美妙时刻。年轻的英国牧师汤姆 · 特罗维尔是个可爱的男孩，他擅长拉大提琴，他的父亲是一位在惠灵顿工作的音乐教师。也正是由于他的影响，凯瑟琳开始学习大提琴，并最终在这方面小有成就。可是凯瑟琳才 13 岁，还太小。她是叛逆的、反抗的，她不安于现状，正是活泼的年龄。十多岁的孩子的恋情常常很快就会淡忘，毫无意外，这段稚嫩的感情也最终无疾而终了。

第二次恋情发生在凯瑟琳 1908 年再次回到伦敦之后，这是一场感情生活的巨大动荡，她的事业也差点因此停止。偶遇乔治·布朗是在回英国的邮轮上。初次看到他的那一眼，凯瑟琳觉得他像一个俏皮的绅士，成熟稳重中带着一点玩世不恭，与自己有着某些相同的特质。她就这样被吸引了，只一眼，凯瑟琳便已坠入情网，浪漫到了极致。凯瑟琳想起不久前她的生活还是充满了悲哀与牢骚，而现在，温暖在黑夜中流动，这种感觉真是奇妙而不真实。她有点不安，却又感到非常幸福。

乔治·布朗有一头金棕色的卷曲的头发，是一个英俊体面的年轻绅士。他的父亲是做煤炭生意的，家里还算是富裕。他喜欢看各式各样的书，有时候也会开一些不着边际的玩笑，笑起来坏坏的。凯瑟琳非常喜欢他，被他迷得神魂颠倒。他们一起在邮轮上谈大提琴，谈文学，谈创作，乔治对于凯瑟琳之前发表的文学作品赞叹不已，这使凯瑟琳获得了很多的赞美与极大的满足。

旅途过得飞快，离别的时候就要到了。这是一个温暖的春天的夜晚，在皮卡迪利广场的渡口旁，凯瑟琳要下船了，乔治·布朗还不想这么早分别，他跟着凯瑟琳一起下了船，这真是一段任性的爱情。从那时起，乔治每天都会写一封长长的情书给凯瑟琳，他们一起在租赁屋里嬉闹，在乡下的小路上追逐，在酒馆痛饮，在餐厅恶作剧。他们的关系有趣而又有些冒险，彼此之间有着强烈的吸引力但却什么都不确定，或者说凯瑟琳不想确定。三周后的某个夜晚，如往常一样，凯瑟琳和年轻的乔治痛饮完美酒，灯光有些模糊，凯瑟琳有点醉了。窗外黑幽幽的树林中隐现着桦树和桉树的树干，夜风拂过，树叶沙沙作响。远处的田地旁种着矢车菊和罂粟花，它们的味道淡雅却又蛊惑人心，那仿佛不是花香，是欲罢不能的毒药。凯瑟琳的脑子有点儿沉重，灯光下的乔治似乎也变了一个人。面前的乔治单膝跪在地上，握着她的手，嘴巴一开一合地像是在请求着什么，她没有听清楚。她只觉得心情很好，于是她说了可以，之后酒馆中他们周围的人开始欢呼庆祝，她被强吻了，她觉得挺开心的……第二天凌晨她从梦中惊醒，睡在她旁边的是乔治，她昨晚认定的丈夫。坐在梳妆台前，凯瑟琳用她的小象牙梳子梳着头发。床上的乔治还在睡觉，嘴角似乎还挂着笑容，然后凯瑟琳走了……大千世界是由一系列偶然组成的，他就像天边的一朵云彩，偶然地飘进了凯瑟琳的心间。而现在，三周之后，她突然不爱了，就在刚许诺结婚之后，她厌倦了。

凯瑟琳去了巴伐利亚，在那里待了三个月之后她发现自己怀孕了。人生处处充满了意外，这到底是意外的惊喜还是意外的灾难，她不知道，但是她决定生下这个孩子。7个月后，在巴伐利亚乡间的一间屋子里，年轻的凯瑟琳·曼斯菲尔德，如同当年那个新西兰乡下的木床上娇小内向的女人一样，使出了全身的力气嘶喊着，努力将肚子里的孩子生出来……是个女孩。这次爱情的代价是巨大的，但这是她自己选择的生活。凯瑟琳曾在一本名为《在德国公寓》的出版刊物上记录了这段经历。

1911年12月，凯瑟琳·曼斯菲尔德因为稿件的排版以及稿费的问题，与《新时代》杂志产生了纠纷，最终终止了合作关系。她将刚刚完稿的《店里的女人》寄给了一家名叫《韵律》的新杂志社。这间新杂志社由来自牛津的两个年轻的大学生所创办，印刷精美，排版简洁明了，挺符合凯瑟琳的口味。杂志的季刊上经常刊登一些文学和艺术题材的文章，负责文学版面的年轻人是杰克米德尔顿·莫里。他对凯瑟琳的这篇《店里的女人》极为赞赏，读完后，他就立马准备拜见作者。一段姻缘由此拉开……

凯瑟琳同意了这次见面，只当这是一次普通的编辑与作者之间的会面。然而莫里却是热切地期盼着见面的到来，他想要与这个他认为充满才华的女作家有一次深刻的交流！1912年初，莫里同《韵律》杂志的另一位撰稿人弗雷德里

克 · 古德伊尔一起邀请凯瑟琳聚餐。同莫里一样，弗雷德里克也一直想要见见这位了不起的女作家。他们都十分赞赏过去几年里凯瑟琳在《新时代》杂志上所发表的作品。莫里一开始见到凯瑟琳，就把她视为了自己理想的对象。在他看来，凯瑟琳可爱又朴实，她的一举一动都极其优雅。他想要跟凯瑟琳在一起，这将是一个新的开端。

不久之后，莫里想方设法成了凯瑟琳的新房客，他开始追求凯瑟琳。之后，凯瑟琳与《新时代》杂志社的纠纷不仅没有解决，反而愈演愈烈，身为评论家的莫里发挥自己的特长，帮助她写了不少针对《新时代》杂志社的文学评论。

凯瑟琳真正对莫里动情是在一年后的春天。凯瑟琳不幸染上了腹膜炎，手术后全身疼痛，后遗症导致关节泛酸。莫里一直在身旁照顾她，加上二人在文学创作方面志趣相投，她痊愈之后，二人就正式结婚了。1912 年至 1914 年间。凯瑟琳的小说集《忧郁评论》和《房客》在丈夫杰克米德尔顿·莫里的帮助下出版了，这次婚姻为她带来了幸福与安定。

04 与徐志摩的邂逅

凯瑟琳活到了35岁便香消玉殒，她的一生短暂又传奇。她去世的半年前，曾与徐志摩有过短暂的会面。徐志摩于1920年来到英国，在英国伦敦大学的政治经济学院攻读博士学位。在英国学习期间，他结识了包括狄更斯、卡本特、威尔斯、罗素和凯瑟琳·曼斯菲尔德在内的许多文学界大咖。与凯瑟琳的会面是徐志摩一生难忘的经历。

徐志摩去拜访凯瑟琳和她的丈夫，是在1922年7月的一天晚上。细雨霏霏的夏夜，徐志摩漫步在雨中，带着几幅中国字画踏上了拜访之路。凯瑟琳的家坐落在伦敦彭德街10号，开门的是一位胖乎乎的和蔼的妇女，这是凯瑟琳的房东太太。壁炉旁站着凯瑟琳的丈夫莫里，笑盈盈地看着徐志摩，十分绅士。他们一起聊天，谈到了印度的佛教、中国的道教及佛教观音的象征，又谈到希腊、埃及文化中的女性形象，还有西方基督教的圣母，都是关于女性主义的话题。此时进来了一位身材曼妙的年轻女性，徐志摩以为是凯瑟琳本人，立即起身，却被告知只是她的朋友，徐志摩不禁有些失望。

莫里说她最近身体不太好，正在楼上养病。随后又来了两个人，都是来看望凯瑟琳的朋友。看他们纷纷上了楼，看望过后又告辞离开，徐志摩意识到时间不早了，他似乎也该告辞了。莫里似乎看出了他的为难，对正在穿雨衣的徐志摩说："徐，若你不介意，不妨上楼见见凯瑟琳吧。"徐志摩听到他的话之后喜出望外，随即跟着他上了楼。

凯瑟琳留着长发，齐刘海梳得整整齐齐。她的皮肤白嫩细腻，在黑发和深绿色的丝绒长裙的衬托下显得异常的娴静文雅，就像从中国古代仕女图中走出来的古典美女。她的脖颈细长，戴着一串光泽温润的粉色珍珠项链。凯瑟琳正患着肺结核，这种病使她呼吸和说话都有些困难。徐志摩压低声线，轻声细语地与这位高雅有礼的夫人交谈着。凯瑟琳是博学多才的，她向徐志摩表达了自己对于中国古诗的喜爱与赞叹，并鼓励徐志摩多翻译几首中国诗歌，因为只有中国人来翻译才能更加贴切形象地表达出中国古诗所要传递的意境。之后，凯瑟琳问徐志摩喜欢的作家，他们谈到了契诃夫、狄更斯、哈代等人，又言及当前各国的形势。最后聊到凯瑟琳近期的作品，徐志摩称她的作品是小众化的，绝不流于庸俗，并表示如果有机会的话，他愿意多翻译一些凯瑟琳的作品，让更多人了解她。这次会面虽然只有短短的20分钟，却在徐志摩的一生中留下了深刻的印象。对他来说，这不单单是一次简单的会谈，而是一次美的洗礼。

凯瑟琳·曼斯菲尔德生命的最后几年深受结核病的困扰。因为疾病的缘故，她后来迁居法国的丹枫白露宫，在那里度过了自己的最后时光。1923 年 1 月，凯瑟琳·曼斯菲尔德在法国逝世，年仅 35 岁。徐志摩得知这个消息后十分难过，写下了《曼殊斐儿》一文来怀念她。在随文附的《哀曼殊斐儿》这首诗中，他称凯瑟琳的逝世是“子规啼血”“光明泪自天堕落”，并称他们仅有的一次会面是“二十分不死的时间”“我洒泪向风中遥送，问何时能戡破生死之门？”

之后，徐志摩履行了自己的诺言，开始翻译凯瑟琳的小说。1923 年 10 月 29 日，徐志摩翻译了小说《园会》中玖思小姐的一段唱词，并刊登在了 12 月 11 日的《晨报五周年纪念增刊》上，1927 年 4 月又收入上海北新书局出版的《英国曼殊斐儿小说集》。

1924 年 11 月，徐志摩和陈源共同翻译的《曼殊斐儿小说集》在商务印书馆出版。此后，徐志摩还翻译了《理想家庭》。1925 年，徐志摩又写了《再说一说曼殊斐儿》一文，称赞凯瑟琳是 20 世纪最重要的现代短篇小说家之一。他写道：“她的艺术，是在时间与空间的缝道里下功夫。她的方法不是用镜子反映，不是用笔白描，更不是从容幻想，她分明是伸出两个不容情的指头到别人的脑筋里去生生地捉住成形却不露面的思想的影子，逼着他们现原形！短篇小说到了她手里，像在契诃夫的手里，才是纯粹的美术（不只是艺术）；她斫成的玉是不仅没有疤斑，不沾土灰，而且都是成品的。最高的艺术是形式与本质化成一体再也分不开的妙制；我们看曼殊斐儿的小说就分不清哪里是式，哪里是质，我们所得的只是一个印象，一个真的、美的印象，仿佛是在冷静的溪水里看横斜的梅花的影子，清切、神妙美好。”随后的几年，徐志摩陆续翻译了《巴克妈妈的一生》、《园会》、《幸福》、《毒药》、《一杯茶》、《金丝雀》、《刮风》和《夜深时》。1927 年，徐志摩将这些年翻译的作品整合成了《英国曼殊斐儿小说集》，并通过北新书局出版，为凯瑟琳 · 曼斯菲尔德的作品在中国的推广与流传做出了巨大的贡献。

05 自此永铭的才情

凯瑟琳的丈夫莫里作为一名优秀的评论家，曾经这样评价过凯瑟琳的作品：“对我来说，评价凯瑟琳 · 曼斯菲尔德的作品从来不是一件容易的事情。这非常困难，因为我的一生都与它纠缠在一起。”莫里认为，凯瑟琳的作品比她同时代的作家们的作品更加生动自然，更加细致美好。在他看来，凯瑟琳对于生活是全力以赴的，这种生命力也表现在她的文学作品里，她独特的才华没有人可以模仿或是代替。凯瑟琳的作品的巨大魅力也吸引着文学评论家们热衷于对其进行探索。

凯瑟琳的作品与女权主义及妇女解放运动是分不开的。她本人就是一个典型的女权主义者。19 世纪末到 20 世纪早期，妇女受压迫、受歧视的状态在全世界范围内是十分普遍的现象。无论是在政治、经济、文化、道德伦理观念与价值体系中，还是在工作及社会生活领域，男女不平等的现象处处可见。男尊女卑的观念侵害着女性和她们的生活，这引起了女权主义者的极大不满。在凯瑟琳·曼斯菲尔德看来，这种性别秩序并非是自然形成的，而是社会和文化所造就的，因此她致力于消除两性之间的差别。

凯瑟琳·曼斯菲尔德最主要的文学作品就是关于女性主义的。凯瑟琳笔下的女性形象主要可以分为三种类型。

第一类女性形象是为了生存而苦苦挣扎的年轻女孩，而此类形象大多数产生于她早年的创作，代表作品有《巴克妈妈的一生》《莫斯小姐的一天》《一杯茶》《求职女》《罗莎贝尔惊梦记》等。在这些作品里不时能看到曼斯菲尔德早期生活的影子。这一时期她笔下的女性，有的惊恐懦弱，有的过分宽容，整个作品充满着淡淡的哀伤和对社会、对生活的妥协。

凯瑟琳笔下的第二类女性形象，多为走上心灵解放之路的年轻女性，她们发现自己所拥有的幸福是虚幻的，从中也可以看出凯瑟琳本人对于两性关系的不信任，这也是她情路坎坷、游荡多年的重要原因。以凯瑟琳的代表作《幸福》为例，女主人公贝莎是一位少妇，但仿佛是一直生活在梦幻之中。她过了而立之年，却在不经意间发现了丈夫与好友之间的不正当感情，于是她原本虚幻的幸福被突然来临的浓重失望所掩埋，她的情感世界受到了极大的摧残，被现实浇了个透心凉。贝莎应该怎么办？是忍辱负重，继续和丈夫同床异梦，还是选择出走，离开那个负心汉？婚姻虽然存在，但实际上已经死亡，贝莎发现自己只是丈夫圈养的小鸟。对于这种情节，凯瑟琳的处理是比较沉静的。她笔下的贝莎，既没有像挪威戏剧家易卜生笔下的娜拉一样选择出走，也没有懦弱地忍受无望的婚姻。凯瑟琳的想法无疑是独特的，她为贝莎提供了一条心灵解放之路。

第三种女性形象，多为陷入婚姻和家庭生活的中产阶级妇女，代表作品有《起风了》、《夫人》、《园会》、《序曲》、《陌生人》、《鸽子先生》、《理想家庭》以及《在海湾》等。这些属于中产阶级的女性们，大多在家庭里生活得并不幸福，或多或少都面临着男性的压迫、欺凌或者暴力，凯瑟琳自身的早期经历和个性，在这些小说中得到了充分的展示。

从心理分析和读者的反应的角度来看凯瑟琳的作品，我们可以发现她的作品中有许多具有代表性的象征性意象。举例来说，小说《序曲》中对芦荟进行了细致描写，这种“一百年才开一次花”的植物让女主人公琳达对其浮想联翩。有评论家认为，芦荟象征了女性的力量，但也有人认为这是凯瑟琳厌恶生儿育女的体现。各种说法不一，这也使得她的作品更加耐人寻味。小说《幸福》中那棵开花的梨树，小说《娃娃屋》中被银行家杀死的苍蝇、昏黄的小油灯……这些意象看似细小又不起眼，却支撑起了整部小说的主旨。

从风格源流上看，对俄罗斯文化的喜爱使得凯瑟琳的写作风格酷似俄罗斯的作家们的作品。凯瑟琳受到俄国著名短篇小说家契诃夫的影响很深，她创作的作品很大程度上受到了契诃夫的细节描写和印象主义方法的影响，因此她也被文学评论界称为“英国的契诃夫”。但是凯瑟琳又有自己独特的创作特色，由于生活经历和社会活动的不同，契诃夫喜欢从个别又普遍的生活小细节中把握其共性，凯瑟琳则强调个别细节中所蕴含的重要意义。她反叛传统的个性、独特的生活方式和价值取向也开创了新的创作技巧，使她在文坛独树一帜。但是凯瑟琳与契诃夫在风格上的共同点也使得她饱受非议，受到了不少文学批评家无情的抨击。

在反传统创作的实践上，凯瑟琳·曼斯菲尔德始终处于前沿。不同于传统的小说类型，她的作品既没有完整的情节，也没有传统的开端、高潮、结尾的格式，甚至都没有连贯的叙述，她所要做的事情并非讲一个故事，而是表达一种氛围、一种心境，因此从时间线上来看是松散的，同时“内心独白”被广泛地运用……在叙述事件时，她将直接叙述与间接叙述相结合，行文中隐约流露出“意识流”的痕迹。在人物的心理描写方面，也不乏“顿悟”手法的运用。

凯瑟琳的短篇小说题材大多取材于她的亲身经历和周围人的生活，主题多是女性难以接受的孤独感、幻灭感，具有鲜明的现实主义风格。她的文风中透露出孤寂和死亡的悲剧感，同时也包含着无序又凌乱的天真烂漫。在她的作品里，平凡的人物和琐碎的小事随处可见，各种平淡的生活场景随着时光流逝，苦涩又淡漠，引人深思，让人回味。

毫无疑问，凯瑟琳·曼斯菲尔德是新西兰文学的奠基人之一，是现代短篇小说创作的精灵，也是英国短篇小说界的创新作家之一。

在短篇小说领域，相对于众多的男作家而言，凯瑟琳·曼斯菲尔德的创作风格独树一帜。与传统短篇小说相比，她的写作和叙事风格截然不同。在短篇小说发展史上，凯瑟琳产生过不可磨灭的重要影响。小说《序曲》作为凯瑟琳写作风格转型时期的重要作品，将诗歌、戏剧、绘画等因素一同融入其中，拓宽了小说的外延。相对于欧·亨利、契诃夫等小说大家而言，凯瑟琳也许并不那么有名，但是她的小说中真实、正直又富有人情味的人物以及对女性主义的重视，对社会不公正现象的批判是绝无仅有的，在时光流逝中绽放出了永恒的魅力，给人以最直接最震撼的心灵感动。戴维·赫伯特·劳伦斯曾说过，莫里的工作就是从凯瑟琳的废纸篓里为读者淘出一篇篇天才之作。徐志摩也认为凯瑟琳才貌双全，只要一盏茶的工夫，你就可以从凯瑟琳的小说中体会出那种恍惚的落寞，那种来自平淡生活中的寂静的清欢。作为 20 世纪杰出的短篇小说家，凯瑟琳以她敏锐的观察力、流畅诗意的文笔及细腻生动的心理描写与象征手法，构成了独特的小说叙事艺术，她的作品及人格魅力将永远熠熠生辉。

一茶一路

Chapter 09

新西兰女诗人

——罗宾·海蒂

罗宾·海蒂
新西兰女诗人

罗宾·海蒂（Robin Hyde，1906—1939），新西兰最重要的女作家、女诗人之一。出生于南非，幼年随父母移迁新西兰，定居于惠灵顿。海蒂在惠灵顿女子学校时就发表超过 20 首诗和短篇小说，在学生时代，海蒂作为“中学生女诗人”获得了当地报刊的一片赞扬。1924 年，海蒂做了膝盖手术，从此疼痛和跛脚伴随她一生。1925 年进入报社做记者，工作期间邂逅了短暂情缘，但爱人不久后离开，紧接着不幸去世，后来幼子也早夭。经历了一系列不幸事件的罗宾·海蒂将这些经历写进了诗和小说中。1929 年海蒂出版了第一本诗集《孤寂的星》（*The Desolate Star and Other Poems*）。1935—1937 年间，她又连续出版了 5 本小说，内容广泛，如讲述新西兰历史的《为一个年轻国家祈祷》（*Check To Your King*，1936），描写战争的《通往地狱的通行证》（*Passport to Hell*，1936），承载母亲和理想的《周三的儿童》（*Wednesday's Children*，1937）等。1938 年，她又出版了描写第一次世界大战后新西兰社会景况的《岁月不可责》（*Nor the Years Condemn*），以及具自传色彩的《鹬之翔》（*The Godwits Fly*）。罗宾·海蒂的自我怀疑和焦虑加剧了她生命的不幸，伦敦的社会问题又加深了对她的折磨，因此，她在 33 岁时选择了自杀离世。她是一位直言不讳的记者和文学评论家，也是富有创造力的诗人和小说家，如今被公认为是新西兰文化的一个重要人物。

01 怀揣文学梦

罗宾 · 海蒂本名为艾莉丝 · 威尔金森，1906 年出生于南非的开普敦，在未满周岁时被父母带到新西兰生活。在新西兰接受教育的罗宾·海蒂在少年时代就有着深厚的文学功底，她热爱文学胜过自己的生命，她甚至在很小的时候就有了一个文学梦。或许是罗宾 · 海蒂所在的时代和环境，或许是她颠沛和苦难的经历，也或许是罗宾 · 海蒂自身的努力，成就了这样一位伟大的文学家。

罗宾 · 海蒂在幼年时期就显示出超高的文学素养，那时的罗宾 · 海蒂很喜欢观察周围的事物，她总是对自己身边的一切充满好奇，甚至对自己的头发丝也充满好奇。一棵小草在她的想象中好像会说话，一朵鲜花在她的心里就像是有了灵魂一样，罗宾·海蒂在自己的世界里遨游。在后来的生活里，罗宾 · 海蒂用文字记录下自己的所见所闻，时间一长，写作的稿纸越来越多，堆满了她的小书桌。就这样罗宾 · 海蒂在幼年时期就积累了很多素材，这对今后激发她的写作灵感产生了很大帮助。

后来，罗宾·海蒂就读于惠灵顿女子学校，热爱写作的她陆续在校刊发表了超过20首（篇）诗和短篇小说，在学校成了风云人物，人们都对这样一个女孩子怀有好奇和崇拜之情。她漂亮独立，也很有文艺范儿，具备了所有才女该有的优点，在少年时代就大放光彩。对于写作的热爱也使罗宾·海蒂十分喜欢文学课，每次上文学课，她全程满脸兴奋，因为她知道，她又可以畅所欲言了。此时此刻文学课上的她，是那么的优秀，那么的迷人。之后，文学老师推荐罗宾·海蒂参加由一所皇家殖民地学院举办的作文比赛。当听到这个消息时，罗宾·海蒂毫不犹豫就高兴地答应了，那次她的参赛作品是《德雷克和罗利作为帝国缔造者的生活》。在这次比赛中，罗宾·海蒂获得了第二名的好成绩，得知这个消息后，她异常激动，更加坚定了自己心中的文学梦。在那之后，她的文章经常被报刊刊登。学校的老师们也喜欢与罗宾·海蒂交流，罗宾·海蒂也总是用自己独特的想象力，别具一格的写作技巧和优秀的口才赢得他人的赞赏。

02
充满个人特色的作品

罗宾·海蒂的作品充满了个人特色，罗宾·海蒂笔下的诗歌或深沉或轻盈，或抒情或浪漫，这在她的性格中都有所体现。她的一生充满矛盾，也正是这样，让她对生活既充满热爱又感到无奈。在她的诗歌和小说中，经常可以体会到对一切美好事物的眷恋之情，对人生世事的思考和对人文精神的关怀。罗宾·海蒂除了抒发一些自己在生活上的感慨之外，她也喜欢怀旧。她在一些作品中喜欢描绘过去的人和事，从中给人一种落寞、孤寂之感。就像她在《最后》中所写：

可是最后一匹马，
仍然站着咀嚼嫩芽般的风。
最后的拉巴茅屋，
把光线投向背后。
如同剪贴的阴影，
他愠怒着
拖住傍晚的星星。

新刈的银色如窸窣的稻草
摇曳在曼奴卡上。

只有这茅屋，
它保持缄默，
唯有清贫的光线，
人们仿佛已经睡死，
铺着毛利人的夜晚。
这里有世界的最后一扇门，
最后一匹马，风儿吟唱，
倚着前面的匮乏，
你看到了后面的什么。

罗宾·海蒂作品中所表现的情感与她生活的那个年代是分不开的。当时资本主义刚刚兴起，社会动荡，民众生活困顿。在那个时期，罗宾·海蒂的人生也发生了很大的改变。她是一个充满神秘色彩的理想主义者，但生活上的坎坷一次又一次撞击着她的心灵。她希望生活处处充满浪漫，社会安定而又和谐，这一切美好的心愿都可以从她的诗歌里找到影子。但在经历了坎坷与失意之后，她的作品中包含更多的是一种绝望。尽管如此，我们仍不难看出她对美好生活的向往，对浪漫人生的期盼，对社会美好未来的期许。罗宾·海蒂的诗歌代表了新西兰的文化特色，它体现了一个时代的精神。

人们常说，思想的力量往往是在思想者本人远去很长一段时间后，才会被这个反应迟钝的世界所感知。罗宾·海蒂在她年轻的时候并没有得到人们的重视，甚至在去世之后的三四十年里，人们依然没有对她有过多的关注。但是她的作品记录了新西兰的历史，她的作品的光芒在其后才逐渐为更多的人所了解。

好像所有的作家都有一颗爱流浪的心，罗宾·海蒂也一样，她也总是一个人四处流浪。在此期间，她写下了很多作品，记录下生活的点点滴滴。罗宾·海蒂曾经说过：“一个作家，如果没有一颗流浪的心，她不可能写出优美的文字，当然，她同样也不可能展现对社会的情绪，那么，这样的她就不是一个合格的作家，更谈不上是一个优秀的作家。”罗宾·海蒂就是因为有丰富的生活体验才能创作出后期的各种作品，才有了她自己独特的风格。

罗宾·海蒂的诗歌总是沁人心脾，总有一种力量吸引着我们，像是闪闪发光的麦浪，撞击着人们的心灵，给人内心以别样的感受。每次阅读她的诗都会刺痛人们的内心，让人激动，并对未来充满期许。在人生的后期，她写作的时候总是一人独处，不与别人交流，默默地低头写下自己的想法。

社会的动荡加剧了她内心的不安全感，这时她的作品与之前的作品截然不同。在此之前，她是一个欢快的姑娘，作品风格明丽纯净，体现了她对社会的热爱以及对生活的向往。过去的她总是专注于自然界中那些美好纯净而明媚的事物，她极具想象力，也善于用心思考。因此罗宾·海蒂早期的一些作品中富有童话般的色彩，然而由于受时代环境的影响，罗宾·海蒂的后期作品更多地体现了她的抑郁、落寞和绝望。

罗宾·海蒂写作风格的变化除了受到社会环境的影响之外，很大的原因是基于自己生活的变化。1924 年罗宾·海蒂的膝盖进行了手术，这致使疼痛和跛足伴她终身。伤痛在一定程度上限制了喜欢四处游览、找寻写作灵感的罗宾·海蒂，或许没有这种伤痛，我们会看到一个更开朗明媚的罗宾·海蒂。可是命运就是这样，总是在人生看起来似乎很是完美的时候又给她重重的一拳，让她喘不过气来，并从此和完美的人生告别。

03 浪漫而又坎坷的爱情

罗宾·海蒂的爱情浪漫而又坎坷。1925 年，她成为惠灵顿当地报社的一名记者。在报社工作期间，她认识了第一任恋人哈利·史威曼，这是她浪漫爱情的开始，他们性情相投，有着共同的爱好。那个时候罗宾·海蒂正处于人生的巅峰时期，她有着所有人都羡慕的人生阅历，并且年轻漂亮、性格好。在遇到哈利·史威曼之前，她没有交往过一个异性朋友。她一直在找寻一个能够走进自己内心的人。

与哈利·史威曼的初次邂逅是在一家早餐店，那时候的哈利·史威曼帅气迷人，有着英国人的绅士范儿。再见到哈利·史威曼的短短的那一刻，罗宾·海蒂就深深地陷入对他的迷恋之中，无法自拔。从此以后，罗宾·海蒂天天跑到早餐店，除了解决早饭，她还想要享受这短暂的相会的欢愉，甚至那时她还只是单相思。一段时间之后，罗宾·海蒂成功地被哈利注意到了，哈利也非常欣赏这位有才气的女子。罗宾·海蒂后来回忆起初次见面时自己害羞得脸庞通红，吞吞吐吐，半天都说不出一句话。即使当时的自己是这样，哈利也依然记住了罗宾·海蒂。多次约会之后，罗宾·海蒂想这或许是她的爱情的最终归宿，她相信会和哈利有一个完美的结局。她也始终相信，哈利是一个完美的人，会一直爱着自己。哈利也被这个姑娘深深地吸引，一个月后，他向罗宾·海蒂表达了自己的爱意，他的内心也充满渴望和期盼，希望罗宾·海蒂接受他。罗宾·海蒂与哈利很快确定了恋人关系，从此以后早餐店总是有他们二人约会的身影。

罗宾·海蒂一直认为哈利会给她的生活带来另一种感受。事实也的确是这样，哈利让罗宾·海蒂每天的生活都充满浪漫。可是事情总有不尽如人意的时候，一段时间后，他们爆发了一次争吵，争吵是因哈利要返回英国而起，罗宾·海蒂一直在想，为什么哈利不能一直陪自己走下去，非要回到英国？这次争吵给罗宾·海蒂造成了深深的伤害，过往的浪漫一去不复返，有的只是互相不理解。之后哈利为了他的梦想离开了，罗宾·海蒂没有答应同他一起去英国，她选择放弃爱情，走上了实现自己的文学梦想之路。罗宾·海蒂不得不开始新的生活，她不断自我调节，相信哈利只是她生命中的一个过客，没有哈利，她的生活依然会继续。因此，罗宾·海蒂坚守自己的信念，坚持自己的写作梦想，她时常把自己的爱情写在她的诗歌和小说里，她的著作也就成了她的爱情史。可是，当她得知哈利抵达英国不久后便去世的消息时，她感到无比心痛，也怀有遗憾。没有哪个女孩不渴望自己的爱情可以长久，但她的爱情已经不在了。当她用文字来抒发心中的苦涩和迷茫时，她发现自己对他更加想念。长时间的忧郁，让罗宾·海蒂对世事看淡了很多，她开始变得颓废和孤寂。可是，上天还是给她留下了一个意外，哈利离开她一个多月后，她发现自己怀孕了，她的生命里不再只有她自己。就在周围的人都以为罗宾·海蒂会打掉孩子时，她做了一个令所有人吃惊的决定：她要留下这个孩子，做一个合格的母亲，开始一段新生活。她是一个浪漫的人，她有自己的梦想，她不会被生活所束缚，她有着渴望自由的心灵。生育之后的罗宾·海蒂感受到了巨大的生活压力，更加不幸的是，孩子在不满周岁时就夭折了。这重重的一击，使她无比痛苦，罗宾·海蒂陷入抑郁无法自拔。之后，罗宾·海蒂沉浸在自己的世界里，总是很抵触与别人接触。她始终将自己关在房间里，人们都认为罗宾·海蒂精神失常了。但是这个时候的罗宾·海蒂依然在继续写作，依然喜欢用自己的文字记录生活，依然有着自己的想法，甚至仍然关注着新西兰国会的选举。这时的罗宾·海蒂矛盾与绝望并存。

在矛盾与绝望中生存的罗宾·海蒂，1929 年出版了第一本诗集《孤寂的星》。1935 至 1937 年间又出版了 5 本小说，题材取自自己的经历和观察到的社会现象。她将自己的理想，甚至将自己的一切都以文字的形式记录下来。笔耕不辍的罗宾·海蒂，看似已经回归了正常的生活，但是当时世界上爆发的战争仍深深地揪着罗宾·海蒂的心。

1938 年初，日本侵略者在侵占中国东北、华北地区以后，又发动了对上海和华东地区的猖狂进攻。本来计划前往英国的罗宾·海蒂在抵达中国香港地区后改变心意，转向当时处于抗日战争中的中国内地。她辗转中国各地，不断记录下战争带来的痛苦，不断感受战争带来的可怕。对于一个始终追求浪漫，对生活充满好奇，对世界充满期望的浪漫主义诗人来说，残酷的世界震撼着她的心灵，让她有了巨大的改变。这也是她作品的思想内涵发生转折的一个重要时期，从此之后她的作品开始了对世界的批判，她的性格也抑郁了很多。比起膝盖的疼痛，心灵的创伤才是真正的痛苦。在中国时的罗宾·海蒂没有了当初的浪漫诗意，但诗人的情怀依然在她心里存在，她依然在观察着这个世界，依然思考着未来。经过一系列事情之后，身体上的疼痛以及心灵上的折磨使罗宾·海蒂想要结束自己的生命，可毕竟总有一些人和事让她眷恋。在选择继续活下去之后，现实与理想的冲突使得罗宾·海蒂不得不转变自己的写作风格。那个时期她的作品大多体现了内心抑郁的特点，经常抒发的是她内心的矛盾和痛苦。

一年后，也就是 1939 年，罗宾·海蒂最终还是选择服毒自杀，结束了长期处于痛苦中的生命。在自杀前的那段时间里，个人生活与社会的苦难使罗宾·海蒂精神分裂。她有纯洁美好的一面，但也有偏执、倔强、敏感的一面。罗宾·海蒂时常沉浸在自己的世界里，痛苦到无法自拔，于是她选择了在 33 岁的时候结束自己的生命。罗宾·海蒂的去世是令人痛心的。她的人生、她的苦难和她的作品一样，给后人留下无尽的思考和感慨。

一带一路

Chapter 10

钢琴大师

——弗雷德里奇·佩奇

弗雷德里奇、佩奇
钢琴大师

弗雷德里奇·佩奇（Frederick Page，1905—1983），杰出的钢琴家。生于新西兰克赖斯特彻奇市。受祖母的音乐熏陶，自幼学习钢琴。1922年，首次登台演奏。进入坎特伯雷大学后，由法律专业转学音乐，最后以优异成绩取得音乐学士学位。随后他去美国皇家学院深造，师从著名作曲家沃恩·威廉斯。1938年，回到新西兰结婚。1941年，任坎特伯雷大学音乐讲师。同年，维多利亚音乐学院建立，任高级讲师，并组织了每周一次的免费音乐节活动。1957年任音乐教授。1970年退休后，被波兰政府授予“波兰文化荣誉勋章”，以奖励他在钢琴领域做出的杰出贡献。弗雷德里奇·佩奇一生中两次访问中国，为中新两国的音乐文化交流和增进两国人民的友谊做出重要贡献。

01

不灭的钢琴梦

在南太平洋最南端的岛国新西兰的克赖斯特彻奇市附近有很多小村落，其中有一个名为利特尔顿的村庄，1905年12月4日，弗雷德里奇·佩奇就出生在这里。

佩奇家族是做炭火生意的，弗雷德里奇家里的经济条件在利特尔顿村里仅属一般。弗雷德里奇·佩奇的父亲詹姆斯·佩奇辛劳打拼，母亲苏珊温柔贤惠。弗雷德里奇·佩奇出生的那一年，他的姐姐莉莉丝已经有3岁了，她比一般的小女孩要活泼，叽叽喳喳的像小鸟一样可爱动人。弗雷德里奇·佩奇的祖母年轻时是位钢琴老师，虽然已经60多岁了，但仍然精神饱满，整天笑呵呵的。弗雷德里奇·佩奇的出生，让全家人都特别高兴,但是没有谁比小姐姐莉莉丝更开心了。家里的两个孩子个性截然相反，小姐姐活泼好动得像个男孩子，弟弟却文静内敛、温文尔雅，一动一静之间倒是颇有些童趣。

弗雷德里奇·佩奇的童年是在祖母悠扬的钢琴声中度过的，《D大调的卡农》婉转抒情，《致爱丽丝》曲调优雅，《梦中的婚礼》深刻而隽永，黑白键盘在祖母枯瘦却又灵巧的手指下跳动，发出悦耳动听的琴声，散发着说不清道不明的巨大吸引力。家里唯一的一台钢琴如同祖母一般年长又亲切，它的音色单纯又丰富，高音阶柔和如冬日的阳光，盈盈亮亮地照向心头温暖又平静的海；低音阶清冷如玉珠撒向冰面，每一次碰撞都声声分明，每一次弹奏都有沁骨的清新。尘缘在琴声中继续，心旷神怡之际，忽有一阵微风吹起，带走一缕缕琴声，悠悠扬扬，荡起无数优美婉转的情韵。新西兰的农村如此的自然美好，祖母弹奏的音乐如此的悠扬动听，像湛蓝的天、像柔和的风、像广袤的海，清冷又炙热，温柔又活泼，悠远又深沉。

仿佛天生跟钢琴有缘似的，小佩奇 5 岁时就已经能够在祖母的教导下流利地弹奏出不少曲目，表现出了惊人的天赋。祖母觉察到了他的才能，于是请求钢琴教师亨德森小姐教他弹钢琴。佩奇就像是一块海绵，对于乐理知识吸收得特别快，没过多久，亨德森小姐就发现自己没有什么可以再教给他的了，于是就把他推荐给了自己的老师欧内斯特·恩普森。在恩普森先生的教导下，佩奇在钢琴领域的进步更快了。1918 年，13 岁的佩奇进入克赖斯特彻奇男子中学学习，一直继续着钢琴课程。1922 年，他首次在校园登台演出，就轰动了全校。

音乐是爱好，也是梦想，音乐能够陶冶人的情操，琴声让人心情愉悦。可现实终究是现实，人总要养家糊口，维持生活。弗雷德里奇·佩奇十分清楚这一点，因此中学毕业后，他毅然决然地放弃了自己的爱好，选择去坎特伯雷大学攻读法律专业。法律在当时是最炙手可热的专业，新西兰社会正在迅猛发展，无论是经济领域还是政治领域，都需要大量的法律人才。打官司需要法官，需要律师，法律体系上也有很多尚待完善的地方。毫无疑问，选择法律将会有十分光明的前途，至于音乐，只能偷偷地放在心里的一个角落，待夜深人静的时候默默咀嚼回味。理想是丰满的，佩奇的计划很充分，但是在付诸实践时他就遇到了困难。法学课上无聊的条条框框令他感到头疼，一章又一章的法律条文，显得那么严谨和冰冷，字里行间都是约束，佩奇发自内心的不喜欢，他甚至感到灵魂也不自由。毫无意外，佩奇对法学课程学不进去，在一次重要的考试中，他最终只能交了白卷，这让他感到心灰意冷。恩普森教授听说之后，劝导他说：“孩子，不要勉强自己，还是去学音乐吧！”

在老师的劝导下，佩奇放弃了法律专业改学音乐，最终在坎特伯雷大学获得了音乐学士学位，并取得了十分优异的成绩。由于他在音乐方面极具天赋，学院赞助他去英国伦敦皇家音乐学院深造，跟随著名的作曲家沃恩·威廉斯学习作曲，并分别跟戈登·雅各布、莫里斯和威利·里德学习配器、对位和音乐指挥。沃恩·威廉斯称得上是佩奇在音乐路上的伯乐，他看出佩奇在作曲上并没有什么天分，于是就鼓励他集中精力专攻钢琴。师生俩亲密无间，结下忘年之交。正是由于沃恩·威廉斯的指导，佩奇最终坚定了自己的人生方向。谁也不知道缘分是在什么时候结下的，仿佛生来即是如此；谁也不清楚缘分将会走向哪里，掌控一切的似乎是命运。有些东西就是发自内心的喜欢，就像奇怪的墨菲定律一样，越是抗拒，越是抗拒不了。兜兜转转，佩奇还是回到了最初的起点——钢琴。

02

不凡的勋章

音乐家喜欢用钢琴诉说心语，美术家的心事则体现在画笔之下。同样是热爱自由的灵魂，弗雷德里奇·佩奇邂逅属于他的爱情时是在而立之年，爱琴海的景观美得仿佛不像是真实存在的，在这里，他遇见了一位明媚浪漫的女画家，宛如梦中奇缘。

从伦敦皇家音乐学院毕业之后，佩奇便开始在欧洲各地演出，他一边工作一边旅游，足迹遍布了大大小小的国家。这一次他被邀请去希腊进行演出，听闻希腊爱琴海的景色举世闻名，佩奇被勾起了好奇心，忍不住要去看看。伊芙琳·波尔森是一位年轻的女画家，恰逢她在希腊旅行，于是他们相遇了。正值青春美好的年华，男有情女有意，他们经历了一场浪漫的恋爱。在他们的交往中，爱情是清晨递来的沾着露水的鲜花，是下大雨时披着外套无所顾忌地在雨中漫步，是深夜送她至楼前，久久不愿离去的恋恋不舍。情侣间倾心相爱，即使什么事情都不做，只是静静地看着对方，便觉得很满足。爱琴海的风光烘托出来的一切都细腻而美好，夕阳西下，佩奇的钢琴声伴随着落日飘进伊芙琳的内心，伊芙琳画笔下火红的霞光里有佩奇弹琴的身影。明月装点了你的窗子，你装点了我的梦，片刻即是永恒。

1938 年，伊芙琳和佩奇一起回到新西兰，他们准备结婚了。婚礼是在利特尔顿乡下的田园内举办的，规模不大，却异常温馨。陪伴这对新人的是佩琦童年时候祖母弹过的那架老钢琴，音色一如既往的古老又纯朴，仿佛祖母还在身边。这一次弹钢琴的是佩奇，多年前听祖母弹奏婚礼进行曲，年幼的佩奇内心里涌动的是期待，而现在这首曲子从他的指尖流泻而出，他内心更多的是感动和爱有所归的欢欣。弹完一首曲子，佩奇缓缓地走向散发着花香的小径，去迎接新婚。今日的伊芙琳如往常一样明丽，她的婚纱洁白无瑕。他们在神父面前宣誓牵手一生，他们一个像夏天一样明媚清新，一个像秋天一样温润沉静，结成了终生的伴侣。

1941 年，佩奇开始在坎特伯雷大学当音乐讲师，他和妻子住在利特尔顿的乡下，过着朴素温暖的田园生活。闲暇的时候，佩奇会和妻子在乡间的小路上漫步，路旁迷人的青草香味扑面而来，令他们心情格外愉快。走进田园深处，会看到稻田依傍着青山。一阵微风吹过，麦浪滚滚，像是在跳舞。他们的屋前有一条小河，河旁还种着一些桦树和桉树，环抱着清浅的溪水。夜深人静的时候，他们躺在床上，会听到潺潺的流水声。夏日的清晨，树上和草地里的小鸟欢快地嬉闹、鸣叫着，钢琴声飘出窗外，和煦的微风把它带到绿色的原野上，与湛蓝的天空一同绘成了一幅自然和谐的田园风景画。

这是佩奇人生中最安逸幸福的几年，与伊芙琳的婚姻生活快乐又满足，这一切都成了他创作音乐的动力。在这段时间，佩奇在音乐上取得了重大的进步。

1941 年，惠灵顿的维多利亚大学音乐系刚创建，佩奇就被任命为第一位高级讲师，负责主持音乐系的教学事务。佩奇在教学过程中提倡先锋派的钢琴音乐理念，培养出不少可造之才。1942 年，佩奇的好朋友，曾经同为沃恩·威廉斯教授的学生的作曲家道格拉斯·利尔本也被聘请到维多利亚大学音乐系任教。在他们二人的合作努力下，维多利亚大学音乐系的发展惊人，很快在新西兰打响了名声。

佩奇任教期间，鼓励维多利亚大学音乐系的师生们每周四举行午间免费音乐会，地点在学校的剧场里，音乐系讲师伊丽莎白·克尔女士负责组织活动。即使每年在免费音乐会上的预算只有 2000 新元，但师生们对于这项活动仍抱有极高的热情。音乐会很受人欢迎，大家都认为它意义重大。系主任彼得· 沃尔斯博士认为，举行音乐会可以给有音乐天赋的学生提供展现自我的演奏实践机会，是音乐系强化学生音乐课程的有利举措。另外，很多受邀请来维多利亚大学讲学的外国音乐家们也有机会参与演奏，与学生们同台表演，增进交流。这项活动不但很受全校学生的欢迎，而且由于剧场距市中心区只有 10 分钟左右的路程，惠灵顿的市民们也经常过来欣赏演奏会。

1957 年，52 岁的佩奇成为维多利亚大学的音乐教授。13 年后，由于年事过高，他辞去音乐系的职务，选择退休。由于在钢琴领域的杰出成就，佩奇闻名世界，波兰政府授予他“波兰文化荣誉勋章”。

03

中新友好的使者

佩奇夫妇不仅对新西兰的音乐艺术的发展做出了巨大贡献，并且在中国与新西兰的友谊之路上树立了丰碑。

佩奇的妻子伊芙琳· 佩奇是新西兰—中国友好协会的创始人之一，1949 年新中国成立以后，她积极参加两国之间的友好交流活动。1956 年，新西兰第一次派出文化代表团来华进行访问交流，其中就有伊芙琳的身影。访问结束后，伊芙琳·佩奇热情洋溢地向朋友们宣传新中国的变化，向丈夫弗雷德里奇 · 佩奇介绍她在中国的很多见闻，并鼓励他有机会一定要到中国看看。在妻子的影响下，弗雷德里奇·佩奇两次访华。

怀着对中国的向往，20世纪60年代，在钢琴家珍妮塔·麦克斯特的陪同下，佩奇第一次访问中国。他之后在自己的自传《一位音乐家的手记》中提到， 这次访华的经历拓展了他的视野，中国的劳动人民勤奋乐观，整个社会欣欣向荣，所有人都对未来充满了信心并为之努力奋斗。中国人对外国朋友的友善、真诚令他感动，他愿意多和中国人交朋友。在中国访问交流期间，佩奇欣赏了各种各样的音乐演出，被中国十分丰富又多姿多彩的传统的民族音乐深深吸引。此外，中国学生学习西洋音乐时孜孜不倦的刻苦精神也令他欣赏，他们的音乐才华不容轻视。

佩奇的第二次访华是在 1982 年 2 月下旬。他应邀去上海音乐学院钢琴系给学生们讲学。这一次的中国之行更加颠覆了他的认知。改革开放的春风蔓延在中国大地上，城市的色彩也不再是60 年代的黑白灰了。上海越来越现代化，人们的衣着也越发地丰富多彩。中国的一切还是一样的充满活力，不，应该说更有活力了。第二次访华的时候，佩奇参观了更多的地方：上海音乐学院、上海交响乐团、中央音乐学院和西安音乐学院等各有特色的院校，并与中国的音乐教师和音乐家们交流教学和演奏经验。中国音乐学院的师生关系特别融洽，亲如家人，令佩奇钦佩不已。

20 世纪 60 年代第一次访华时，佩奇发现中国音乐学院的学生们善于演奏斯克里亚宾和肖邦等传统音乐大师的曲目，但对于巴赫之类的音乐家的作品却不是十分擅长，并且音乐教育比较老派。但是 22 年之后他再次访华，却发现中国音乐界在钢琴演奏领域取得了巨大的进步。1982 年的中央音乐学院闪耀着复苏的活力，寒冬已经过去，改革开放的春天到来，万物都在苏醒，人才不断涌现，人们的思想解放了，音乐创作领域也更加活跃了。作曲系的学生创造力惊人，佩奇听了一首由学生创作的弦乐四重奏作品，难以相信这是出自学生之手。乐曲中有肖斯塔科维奇和巴托克风格的曲调，质量很高，学生很有创造力。他说，如果自己可以教出这样才华出众的弟子，也会感到特别自豪。上海交响乐团小民乐队演奏的中国音乐独一无二，很有特色。他后来在自传中写道：“小民乐队虽然只有几个人，但乐器配合整齐，音韵协调，旋律轻松愉快，这样的音乐使人入迷，只有演奏者个个是专家，才能演奏出这样的音乐。”回国后，佩奇写了好几篇介绍中国音乐的文章，发表在新西兰音乐界的学术期刊《听众杂志》上。

两次访华经历带给了佩奇很多新的想法，除了钢琴、作曲等传统课程外，他还在维多利亚大学音乐系设立了民族乐课程，并成立了专门研究非西方音乐的加米兰乐队，由擅长亚洲和印尼民间音乐的讲师阿伦·托马斯和杰克·博迪负责指导学生。为了扩大学生们的音乐视野，音乐系也配置了一套中国民族乐器。

为了中新两国音乐艺术的交流发展，中国也曾派学者访问维多利亚大学音乐系。著名作曲家谭盾曾经应维多利亚大学音乐系邀请，到新西兰访问过四个月。他也是维多利亚大学邀请来交流音乐的第一位中国作曲家。谭盾不仅有深厚的传统音乐功底，而且深受西方音乐的熏陶，艺术成就斐然。在交流期间，他利用大部分时间与学生一起进行音乐创作，并多次参与校内的午间免费音乐会。在他的指导下，音乐系的学生学会了他于 1977 年改编的湖南民谣《五首民歌》，该民谣曲调简洁精妙，朗朗上口，有俄罗斯民歌和匈牙利马扎尔人的曲调风格。他们根据中国东北民间舞蹈音乐改编的钢琴曲极具创新风格，演奏的音乐会也很受市民们的喜欢。

佩奇的妻子伊芙琳·佩奇在音乐上也很有建树，甚至可以专门从事音乐演奏工作，但她认为一个家庭有一个音乐家就够了，她从事的美术活动，能够与丈夫的事业相辅相成。她不仅是佩奇生活上的伴侣，更是他的灵魂伴侣，二人一辈子感情和睦，成就了一段佳话。

1983 年，78 岁的弗雷德里奇·佩奇逝世。1988 年 5 月 28 日，他的妻子伊芙琳·佩奇也在惠灵顿逝世。二人不仅对新西兰的艺术发展做出了巨大贡献，并且为中国与新西兰的艺术文化交流和两国人民的友好交往树立了丰碑。

Chapter 11

东方探路者

——杰克·波蒂

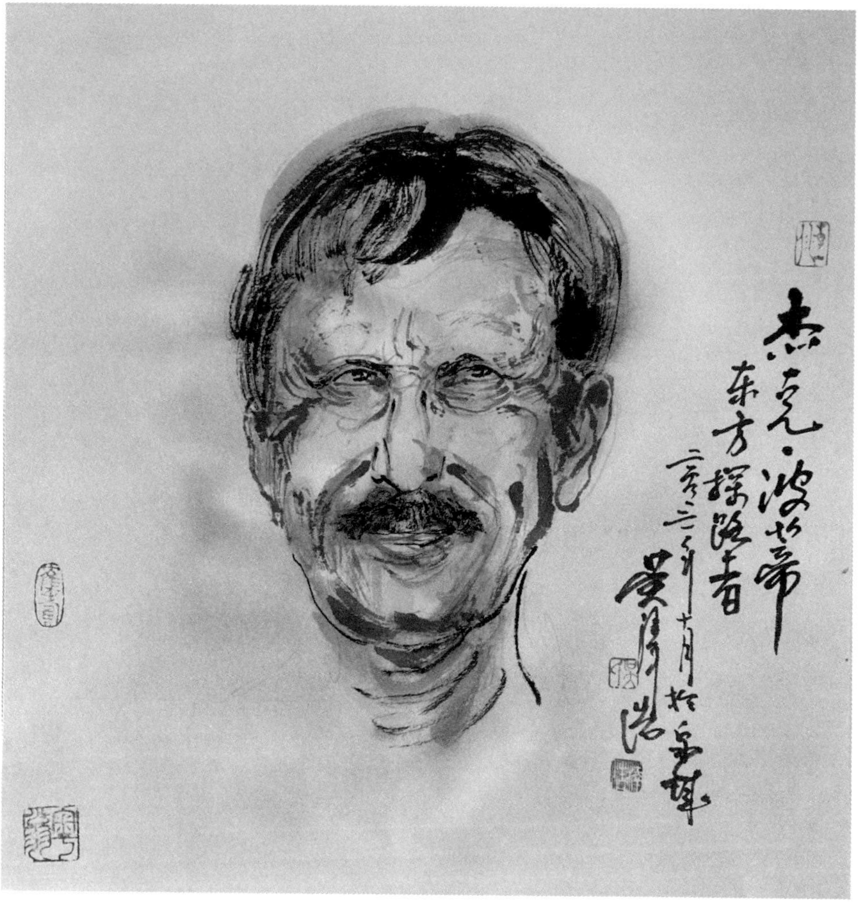
东方探路者

杰克·波蒂（Jack Body，1944—2015），新西兰著名作曲家、民族音乐学家。出生在新西兰怀卡托区，1963 年，进入大学学习音乐专业。研究生阶段开始系统学习作曲。1967 年，因成功策划奥克兰艺术节名声大振。70 年代初，接触东方风格的音乐。1974 年，到印度尼西亚巴厘岛采音。1977 年，到惠灵顿大学任教。80 年代，深入中国山区采集民间音乐，并将中国民族乐器进行了详细的汇编，期间与中国音乐家结下不解之缘。杰克·波蒂是一位新西兰的音乐家，却将中国音乐融入自己的生命中。他的音乐不仅具有东西方艺术交融的特点，更具有自己的特色，杰克·波蒂的音乐里有最纯粹的他自己，当之无愧成为“20 世纪后民族主义作曲家”，更被视为新西兰“国宝级”作曲家。他在推动中新两国音乐文化交流与创作等方面做出了巨大贡献，

01

一见钟情的梦想

新西兰境内有一条怀卡托河，其干流流经新西兰 12 个大区中的怀卡托区，该区农业和畜牧业发达，环境优美。怀卡托区有个名为蒂阿洛哈（Te Aroha）的小镇，1944 年 10

月 7 日，杰克 · 波蒂就在这里出生了。

杰克 · 波蒂的童年的记忆中不会缺乏蓝天白云和苏格兰风笛魂牵梦萦的曲调，天鹅绒般细腻的绿色丘陵从惠灵顿蔓延开，直到被中央高原上的顶端常年冒着黑烟的火山挡住了去路，“毛利之乡”涌动的泥浆永远生机勃勃，直冲云霄的间歇泉四季不歇地欢迎着来自异国他乡的旅人，让人不自觉地感叹大自然的神奇和地球的巨大能量。怀卡托有的是一望无际的丘陵和宁静祥和的牧场，乡村生活是如此惬意。新西兰北岛附近有很多小海湾，海湾内岛屿密集，亚热带气候下的环境清新秀丽，碧蓝温暖的海水和温润明媚的阳光滋润着年幼的杰克 · 波蒂细腻敏感的心灵。

8 岁时，杰克 · 波蒂在学校第一次接触到钢琴。音乐课上，老师布置了儿童练习曲作为课后练习的作业。年幼的杰克 · 波蒂在家里练琴时突发奇想地对这首曲子进行了重新创作，他的音乐才华初次展现便惊呆了众人，由此杰克 · 波蒂也对音乐一见钟情。中学时期，杰克 · 波蒂就读于奥克兰的国王学院，在这里，杰克 · 波蒂燃起了对艺术的强烈兴趣，并表现出了极高的天分，音乐和美术都是他的特长和爱好。1963 年，杰克 · 波蒂中学毕业了，他面临着人生抉择：音乐和美术这两样中，他只能选择一样作为大学的主修专业和之后人生发展的方向，他必须做出选择。对于杰克 · 波蒂而言，音乐和美术就像鱼与熊掌，而人的时间和精力太有限了，二者不可能兼顾。在经历了艰难的思索之后，杰克·波蒂最终选择了音乐。如若不然，出现在我们面前的杰克·波蒂将会是一位画家，而不是音乐家了。

在大学期间，杰克·波蒂就创作出了很多优秀的曲目，并且在老师彼得·戈弗雷（Peter Godfrey）的指导下，他还学会了演奏管风琴。研究生阶段，杰克·波蒂开始系统地学习作曲，罗恩·特里梅因(Ron Tremain)和罗宾·马肯尼(Robin Maconie)为他提供了很大的帮助。同时，他开始频繁参加组织和策划各式各样的艺术活动，个人音乐水平和创作能力也逐渐提高，开始在音乐界崭露头角。1967年，作为国际现代音乐协会（ISCM）新西兰分会的主席，他全程策划了奥克兰艺术节，并取得了极大成功，得到了很多音乐界人士的高度认可。

此时，年轻的杰克·波蒂的名气很大，各类演出邀约不断，收入也比以前多了。杰克·波蒂觉得自己比以前更加忙碌了，可是每次演出的曲目总是自己最拿手的那些，自己已经很少有时间去坐下来静静地思考和创作了。名气越来越大，音乐造诣却止步不前，这不是他想要的。想通了这一点，杰克·波蒂逐渐减少了各种公演，开始潜心摸索自己在音乐领域的新方向。

1969 年，渴望继续深造的杰克·波蒂获得了奖学金，得以去德国科隆进行夏季新音乐课程的学习（Ferienkurse fur Neue Musik）。在那里，他跟随来自阿根廷的作曲家莫里乔·卡格尔（Mauricio Kagel）学习了几个月。这之后，杰克·波蒂又前往荷兰乌特勒支的声学研究所深造。一年的学习极大地开阔了杰克·波蒂的眼界。培训结束后，他并未立即回国，而是先后去了希腊、印度北部以及印度尼西亚，逐一地考察了各国民族音乐的风格，期待能从中获取新的灵感。也正是在这次的旅程，他邂逅了东方风格的民间音乐，自此开启了他对非西方民间音乐的长达一生的钟情和研究。

旅行回来之后，杰克应邀成为惠灵顿塔瓦学院的教师，专门教授学生曲谱创作理论。但一年之后，为了能够专心创作自己的新曲目，他选择了辞职。1974 年，杰克·波蒂花费四个月的时间走遍了印度尼西亚爪哇岛和巴厘岛的街角巷尾，进行声音采集和田野录音。1976 年，受日惹音乐学院邀请，杰克·波蒂在此担任客座教授。1977 年底，杰克·波蒂返回惠灵顿，在新西兰音乐学院任教，并一直在这里工作了三十余年。毫无疑问且广为人知的是，杰克·波蒂不仅富有音乐创造力，而且十分高产。无论是电子音乐、电影和舞蹈音乐、音乐会音乐，还是剧场音乐，以及与视觉艺术的互动合作，他都有涉猎。他善于策划音乐节和艺术活动，并且孜孜不倦地将来自世界各地的不同风格的音乐，尤其是亚洲风格的音乐，引进新西兰。同时也将新西兰音乐带向了世界各地，促进了新西兰同世界各国音乐及文化的交流。

02 原生态音乐激活者

所谓原生态，是指从未经过外界人为雕琢的存在形态。清水出芙蓉，天然去雕饰，原生态艺术形式在现代化的商业演出中并不存在，因为它是与大自然相伴相生的。在几乎全世界的音乐家和表演者都在努力地使自己的作品向潮流和现代时尚靠拢时，杰克·波蒂却偏偏另辟蹊径，他认为田间地头的表演形式一点儿也不过时，它们如同待字闺中的少女，考验着追求者们的耐心。散发着民族特色和乡土气息的民间音乐仿佛璞玉一般等待着他去雕琢，这就是他后来接触到的中国少数民族原生态音乐的独有魅力。

毫不夸张地说，杰克·波蒂对于中国少数民族音乐的采集和整理工作的认真程度不亚于中国最资深的音乐传承人。在他的眼中，音乐是跳动的音符，富有无法言表的生命力，这是他花费一生的精力去追求的事业。杰克·波蒂与中国民间音乐的缘分始于一盘录有中国少数民族多声部歌曲的录音带。20 世纪 80 年代的某一天，杰克偶然在音像店的一角发现了一盘中国风格的录音带，录音带包装纸上翠绿的云南丝竹乐器引起了他的兴趣，他随即买了下来。回家听了这盘录音带之后，他对中国西南地区的民间管弦音乐赞叹不已，觉得这些美妙的曲子应该被更多的人听到。

1987 年初，杰克 · 波蒂只身一人深入中国贵州东南地区的农村，采录山沟沟里的民乐。为了能和当地人深入交流，了解到更多的知识，他甚至提前专门学习了汉语和贵州省的地方方言。虽然他仅学会了一些最基本的问候语和对话，但是他的诚心让接受调查采访的民族音乐演奏者们感受到了尊重。贵州省崇山俊秀，景色千姿百态，清寂绮丽的是山，明媚旖旎的是水。当地的少数民族能歌善舞，热情好客，那浓郁的民族风情犹如醇香的美酒，让人心醉。侗族的风雨桥和鼓楼、布依族的石头寨，还有苗族的吊脚楼都让杰克 · 波蒂赞叹不已，那绮丽的银饰花带、静美的挑花蜡染、五颜六色的民族服装恍惚了杰克的眼。无论是侗族大歌、傩戏歌还是芦笙铜鼓，都让他找到了创作新曲目的灵感。他将少数民族演奏用的葫芦丝、芦笙、口弦等民间乐器以及山歌、民谣等音像资料进行了详细的汇编。他不仅记了谱，而且将民间演奏收录整理成录音，进行了研究、改编、再创作和出版。在他生前，把自己收集整理好的资料全部转交给上海音乐学院收藏，为我们研究中国少数民族音乐提供了珍贵的素材。他的无私情操令所有中国民族音乐界的同仁敬佩。同他的人格一样，他的作品风格特色鲜明，有血有肉，不是对中国民间音乐的照抄照搬，而是融入了自己的人生经历与价值取向。在欣赏他的音乐作品的时候，听众们感受到的不仅仅是细腻的民族风格的音乐，还有那随着曲调起承转合发生变化的不同情绪，令人在欣赏之中思考很多东西，一曲终了，很多人难以从余韵中醒来。他的作品摄人心魄，引人回味。杰克·波蒂的曲子从来都不是一维层面上的，而是立体多维的听觉盛宴，作品中有鲜活的灵魂，让东西方音乐浑然一体，让听者感动并铭记。

杰克·波蒂的音乐创作中最出彩的地方，是其在广泛调查了解东西方音乐的基础上,将自己的理解和特色融入其中。从严格意义上来说，他的作品既不是西式的，也不属于东方特色的音乐，他的作品自成一派，不受任何风格的音乐的局限。好的作品往往架构在作者独特的人生经历与生活感悟上，好的音乐家用音符展示个人的思想。任何人想在一个行业做到尖端，就必须将真我揉碎了融入事业里，杰克·波蒂的音乐里有最纯粹的他自己。

20 世纪 80 年代中期，杰克·波蒂初次来探访中国民间音乐，自此之后，他与中国音乐的缘分就再也斩不断了，他在中国也结交了不少志同道合的好朋友。1984 年，他与好朋友艾伦·托马斯（Allan Thomas）一道，在惠灵顿举办了第九届“亚太艺术节”，中国作曲家瞿维、叶小纲作为中方代表出席了这次音乐盛会。从各个城市赶来的新西兰民众们在这个平台上邂逅了中国音乐，并为之深深着迷。2003 年，杰克·波蒂将自己多年间收集整理的西南民乐汇集成册，取名《云之南·云南器乐》。这本书一经出版，就获得了不俗的销量。

在杰克·波蒂的所有作品中，三幕歌剧《艾黎》在中国拥有大量的粉丝群体。这部歌剧根据中国人民的老朋友路易·艾黎在中国奋斗 60 年的真人真事改编，融合了新西兰文化与中国传统音乐，独具特色。这部歌剧呈现出了艾黎一生的各个阶段和他在时代变化中种种不同的心理状态。歌剧中夹杂着中国甘肃地区花儿民中婉转悠长的曲调，与艾黎艰苦创办培黎学校的故事相呼应，拥有感动人心的力量。杰克·波蒂邀请了甘肃当地的民歌歌唱家赴新西兰参加作品首演，增加了歌剧的亮点。此外，杰克·波蒂十分支持各国音乐团队来新西兰进行演出。对于中国乐队，他更是特别欢迎。2011 年，在中国音乐界口碑颇佳的紫禁城弦乐乐团到新西兰国家音乐大厅举办了演奏会，杰克协助他们做了大量工作。无论是二重奏表演还是三重奏表演，都需要演奏者们的默契配合，“重奏”的表演形式极其考验音乐演奏者对于乐曲节拍的把握。来自中国的紫禁城乐团偏偏不走寻常路，他们不仅创造了四重奏的演奏形式，而且把弦乐的音域进一步拓宽，使乐曲的可塑性和表现力更上了一层楼。因此，他们在新西兰收获了大量的赞扬和支持。新西兰音乐界借鉴了这种演奏方式，并在 3 年后邀请中国乐团共同向观众呈现了新的作品：《紫禁城的传说》。

2015 年 12 月，杰克·波蒂逝世后，为了纪念他在音乐艺术上做出的突出贡献，浙江音乐学院专门举办了研讨会，被誉为“新西兰国宝”“新西兰音乐界驱动力”的新西兰三重奏乐团受邀来到中国参加研讨会，并向浙江音乐学院的师生们演奏了杰克·波蒂的代表作品。乐团成员有着丰富的演奏经验，他们都是高学历的音乐博士，已经一起合作了 14 年。这次活动引起了新西兰政府的关注，为了表示支持，新西兰驻华大使麦康年特意在百忙之中赶到了杭州，为这次文化交流活动送上自己的问候与祝福。受杰克·波蒂音乐理念的影响，来自新西兰三重奏乐团的 3 名音乐家也十分喜欢创新演奏形式，尝试各式各样的曲风。他们的演奏充满活力，新鲜中透着纯朴亲切，打破了人们对典型古典乐固有的印象。

03

永远的杰克 · 波蒂

杰克 · 波蒂的一生可以用传奇来形容。他走过的地方太多太多，涉猎的音乐风格十分广泛，所以用简单的“职业生涯”来介绍他的一生并不全面。一个真正注重职业道德，真正“走心”的音乐家所关注的东西一定不仅仅是作曲这一件事情，因为他不仅是在作曲，他是在通过作曲书写人生。作曲于他而言，是他倾注了所有心力的精神寄托，是他想要表达的思想、也是想要世界读懂的心事。在世界文化领域，总有一些人愿意放弃荣华，在孤独艰辛中奋斗，直至自己的生命结束。对这些人而言，艺术才是他们的精神食粮，远远要比物质上的富足重要得多。驱动这些人前行的动力，是他们内心深处挥之不去的使命感，许多中国作曲家同行对于这一点深有体会。就在海外弘扬中国音乐而言，杰克甘于默默奉献，30 年如一日，不顾名利，不计得失，让中国音乐在这个来自新西兰的乐痴手里绽放出了绚丽的光彩，不得不说，杰克是一个杰出的“伯乐”，让中国音乐的价值大放异彩。

杰克 · 波蒂的作品既是传统的，又是现代的，或者说，它模糊了传统和现代的界限，更打破了传统和现代的界限。人们应该意识到：能够被简单地传承和移植的作品绝对不是传统曲目，唯有被有效地激活和正确解读过的传统作品，才能散发其真正的力量。

所有认识杰克·波蒂的人都不会否认他温和友好、善解人意的个性。在生活中，他是一个特别容易相处的人；而在工作中，朋友们又会被他对音乐抱有的不可动摇的执着而震撼。2014年4月，奥克兰大学和维多利亚大学双双为杰克·波蒂举办了70岁生日音乐会，世界各地的作曲家同行们与200多位杰出的朋友和同事为他撰文，出版了一本纪念文册。杰克·波蒂一生成就颇丰，2015年，就在他去世前不久，他被授予了新西兰艺术偶像（Art Icon）大奖，这是新西兰艺术最高奖项第一次颁发给了作曲家。在与病魔顽强斗争了多年后，杰克·波蒂于2015年5月10日病逝于惠灵顿的玛丽·波特（Mary Potter）医院，享年71岁。

作曲家高平先生在《良师益友好同事》一文中写道：“杰克，你离开我们转眼就一年了，愿你在天堂中幸福安康，再不用受病痛的煎熬！不要记挂你的波蒂音乐（Body Music），它会永远地飘荡在人间。”

一带一路

后　记

“一带一路”相关国家众多，代表性人物众多，为中外交好、民心相通做出杰出贡献的人士众多，因此，为“一带一路”璀璨群星立传，既使命光荣，又责任重大。在这项浩大工程的策划、组织、执行过程中，有许许多多的人士参加了有关传主的名单征集和审定，以及写作、翻译、审读、编辑、出版、筹资、联络等繁重而琐细的工作。所有参与的人员，以拳拳报国之心，尽深厚学养之力，克服了时间紧、任务重、要求高、压力大等诸多困难与挑战，最终圆满完成了任务。在本书付梓之际，丛书编委会特向参与本项目的全体同志致以崇高敬意和衷心感谢！

同时特别需要鸣谢的是，提出策划并领导实施此项目的中国传记文学学会会长王丽博士，基于长期法律实务经验和担任“一带一路服务机制”主席职务的便利，她对相关国家、走出去的“一带一路”建设者和广大青少年的需求了解真切，提出应当为他们写一套介绍各国典型人物的简明易读的传记，为他们提供健康的精神食粮。她把这项“额外”的工作当成了事业，联袂商会筹集资金、苦口婆心招揽作者、精心挑选传主名录、夙夜青灯挥笔写作、近乎偏执逐字推敲、亲力亲为呕心沥血。面对如此浩大的出版项目和繁重的出版任务，当代世界出版社毅然承担了绝大部分图书的出版任务，而且出版社的领导与中国传记文学学会的负责同志一起协商，寻求有关部门的支持和帮助，努力将该传系打造成高质量的精品好书。在此，我们特向项目牵头人和当代世界出版社相关领导和编辑致以崇高敬意和衷心感谢！

尤其让我们感动的是，在项目执行过程中，一些富有家国情怀的民间商会和企业家的慷慨解囊，虽不足以支撑项目的全部费用，但是他们所表现出的热心和支持，让我们坚定了走下去的信心和决心。在此，我们要特别鸣谢为本书的创作和出版做出捐赠支持的中国民营经济国际合作商会、亿阳集团股份有限公司、富通集团有限公司以及太平洋证券股份有限公司，并对他们的拳拳报国之心和慷慨无私帮助致以崇高敬意和衷心感谢！

一项伟大的事业，离不开许多默默无闻的奉献者。在本传系的组织、编写、出版过程中，有历史、文学、科研、外交、教育、法律、翻译、出版等领域的数百位专业人士参与，恕不能在此一一详列。需要特别提出的是，鞠思佳、徐帮学、景峰等同志为组织联络、搜集资料到处奔波而毫无怨言。唐得阳、唐岫敏、白明亮、谭笑等同志在编写、翻译、编辑、校对过程中的细致与负责让我们感动。赵实、胡占凡、高明光、吴尚之、刘尚军、李岩、王灵桂、李永全、陈小明、许正明、宋志军等同志睿智的指点和专业的帮助让我们避免了走许多弯路。在此，我们特向以上各位同志致以崇高敬意和衷心感谢！

当然，由于我们水平所限，本丛书难免有某些不尽人意之处和瑕疵，敬请学界专家和各位读者不吝赐教，我们将在作品再版之时吸收完善。在此，我们也向各位读者提前表示崇高敬意和深深感谢！

“‘一带一路’列国人物传系”编委会

2019 年 3 月 30 日

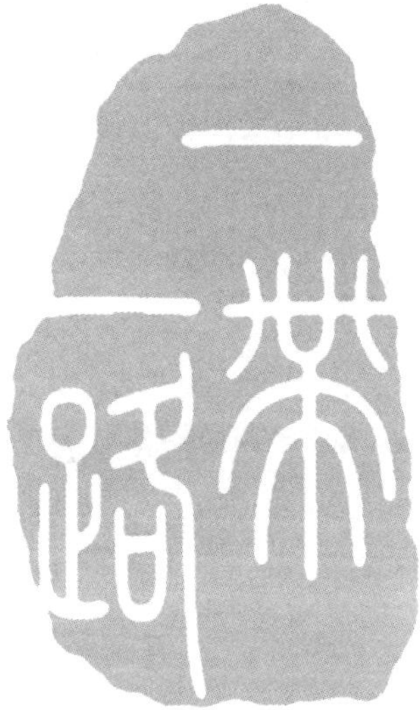
一带一路